Bryn Mawr Greek Commentaries

Plutarch's *Themistocles*

David J. Ladouceur

Thomas Library, Bryn Mawr College
Bryn Mawr, Pennsylvania

Copyright © 1989 by **Bryn Mawr Commentaries**

Manufactured in the United States of America
ISBN 978-0-929524-60-3

Printed and distributed by
Bryn Mawr Commentaries
Thomas Library
Bryn Mawr College
Bryn Mawr, PA 19010

Series Preface

These lexical and grammatical notes are meant not as a full-scale commentary but as a clear and concise aid to the beginning student. The editors have been told to resist their critical impulses and to say only what will help the student read the text. Our commentaries, then, are the beginning of the interpretive process, not the end.

We expect that the student will know the basic Attic declensions and conjugations, basic grammar (the common functions of cases and moods; the common types of clauses and conditions), and how to use a dictionary. In general we have tried to avoid duplication of material easily extractable from the lexicon, but we have included help with the odd verb forms, and recognizing that endless page-flipping can be counter-productive, we have provided the occasional bonus of assistance with uncommon vocabulary. The bibliography lists a few books in English that have proved useful as secondary reading.

Production of these commentaries has been made possible by a generous grant from the Division of Education Programs, the National Endowment for the Humanities.

                                        Richard Hamilton
                                        General Editor

                                        Gregory W.Dickerson
                                        Associate Editor

                                        Gilbert Rose
                                        Associate Editor

Volume Preface

Among the remarkable personalities of the fifth century B.C., Themistocles presents a striking study in contrasts. Though born of a politically obscure family, he quickly rose to the archonship, the highest administrative position in the state. With almost single-minded dedication he convinced the Athenians to choose naval supremacy over hoplite defense. At the battle of Salamis against the Persians, his strategy of expanding the fleet was amply vindicated. And yet the Saviour of Salamis spent his last years in exile. Condemned in absentia for collusion with the Persians, he was finally compelled to take refuge at the court of Artaxerxes, the son of Xerxes, the very king he had helped to defeat at Salamis. There, when he was pressed to fulfill his promise of assisting in an expedition against the Greeks, he committed suicide.

A man whose life was marked by such vicissitudes would obviously have both his admirers and detractors during and after his lifetime. In composing his biography, Plutarch drew on favorable as well as hostile traditions. Although his conception of the man is much influenced by Herodotus and Thucydides, he does manage to draw an independent portrait. Themistocles' character, he suggests, was shaped by extraordinary practical intelligence and a desire for universal recognition. In the end, he fell victim to and was, in a certain sense, redeemed by that overarching ambition.

Plutarch lived in the first and second centuries A.D. His language, therefore, sometimes differs from classical idiom, especially in vocabulary and the use of particles and prepositions. Subtle classical distinctions are blurred here and there. In contrast to Attic clarity, his sentences are sometimes involved and cumbersome. The focus of this commentary is precisely on these linguistic difficulties. Given the insufficient attention that has been paid to later Greek texts, the need for such commentaries requires no explanation. For fuller treatment of the historical issues the student should turn to Frank J. Frost's, Plutarch's Themistocles, A Historical Commentary which is frequently cross-referenced herein.

My thanks to Richard Hamilton and Gil Rose for their careful review of the manuscript.

University of Notre Dame
June 1988

David J. Ladouceur

Bibliography

Two general studies of Plutarch are:
Barrow, R. H., Plutarch and his Times (Bloomington, 1969).
Russell, D. A., Plutarch (New York, 1973).

For his biographical techniques see:
Wardman, Alan, Plutarch's Lives (Berkeley, 1974).

For a study of his life of Themistocles see:
Podlecki, A. J., The Life of Themistocles (Montreal, 1975).

The most important recent historical commentary on this Life, which also includes a selective bibliography is:
Frost, Frank J., Plutarch's Themistocles, A Historical Commentary (Princeton, 1980).
Although the focus of the work is historical rather than linguistic, it has proved invaluable in preparing the present commentary and is frequently cited herein.

For more recent bibliography and some additional commentary see:
Carena, Carlo, Mario Manfredini, Luigi Piccirilli, Le Vite di Temistocle e di Camillo (Italy, 1983).

The following are older school editions which I have consulted to my advantage in preparing this manuscript.
Blass, Friedrich, Themistokles und Perikles in Siefert, Otto and Friedrich Blass, Ausgewählte Biographieen des Plutarch (Leipzig, 1876), 3rd edition revised by B. Kaiser, 1909.
Holden, Hubert A., Plutarch's Life of Themistocles, 3rd edition (London, 1892)
Flaceliere, Robert, Plutarque Vie de Thémistocle (Paris, 1972).

For a simplified introduction to the meters of the poetry cited by Plutarch, see:
D. S. Raven, Greek Metre, An Introduction (London, 1968, second edition).

More advanced students may wish to consult:
M. L. West, Greek Metre (Oxford, 1982)
or the shorter version, Introduction to Greek Metre (Oxford, 1987).

ΘΕΜΙΣΤΟΚΛΗΣ

1.1 Θεμιστοκλεῖ δὲ τὰ μὲν ἐκ γένους ἀμαυρότερα πρὸς δόξαν ὑπῆρχε· πατρὸς γὰρ ἦν Νεοκλέους οὐ τῶν ἄγαν ἐπιφανῶν Ἀθήνησι, Φρεαρρίου τῶν δήμων ἐκ τῆς Λεοντίδος φυλῆς, νόθος δὲ πρὸς μητρός, ὡς λέγουσιν·

Ἁβρότονον Θρήισσα γυνὴ γένος· ἀλλὰ τεκέσθαι
τὸν μέγαν Ἕλλησίν φημι Θεμιστοκλέα.

1.2 Φανίας μέντοι τὴν μητέρα τοῦ Θεμιστοκλέους οὐ Θρᾷτταν, ἀλλὰ Καρίνην, οὐδ' Ἁβρότονον ὄνομα, ἀλλ' Εὐτέρπην ἀναγράφει. Νεάνθης δὲ καὶ πόλιν αὐτῇ τῆς Καρίας Ἁλικαρνασσὸν προστίθησι.
1.3 διότι καὶ τῶν νόθων εἰς Κυνόσαργες συντελούντων-τοῦτο δ' ἐστὶν ἔξω πυλῶν γυμνάσιον Ἡρακλέους, ἐπεὶ κἀκεῖνος οὐκ ἦν γνήσιος ἐν θεοῖς, ἀλλ' ἐνείχετο νοθείᾳ διὰ τὴν μητέρα θνητὴν οὖσαν-, ἔπειθέ τινας ὁ Θεμιστοκλῆς τῶν εὖ γεγονότων νεανίσκων καταβαίνοντας εἰς τὸ Κυνόσαργες ἀλείφεσθαι μετ' αὐτοῦ, καὶ τούτου γενομένου δοκεῖ πανούργως τὸν τῶν νόθων καὶ γνησίων διορι-
1.4 σμὸν ἀνελεῖν. ὅτι μέντοι τοῦ Λυκομιδῶν γένους μετεῖχε, δῆλόν ἐστι· τὸ γὰρ Φλυῆσι τελεστήριον, ὅπερ ἦν Λυκομιδῶν κοινόν, ἐμπρησθὲν ὑπὸ τῶν βαρβάρων αὐτὸς ἐπεσκεύασε καὶ γραφαῖς ἐκόσμησεν, ὡς Σιμωνίδης ἱστόρηκεν.

2.1 Ἔτι δὲ παῖς ὢν ὁμολογεῖται φορᾶς μεστὸς εἶναι, καὶ τῇ μὲν φύσει συνετός, τῇ δὲ προαιρέσει μεγαλοπράγμων καὶ πολιτικός. ἐν γὰρ ταῖς ἀνέσεσι καὶ σχολαῖς ἀπὸ τῶν μαθημάτων γιγνόμενος, οὐκ ἔπαιζεν οὐδ' ἐρρᾳθύμει καθάπερ οἱ πολλοὶ παῖδες, ἀλλ' εὑρίσκετο λό-
2.2 γους τινὰς μελετῶν καὶ συνταττόμενος πρὸς ἑαυτόν. ἦσαν δ' οἱ λόγοι κατηγορία τινὸς ἢ συνηγορία τῶν παίδων. ὅθεν εἰώθει λέγειν πρὸς αὐτὸν ὁ διδάσκαλος ὡς 'οὐδὲν ἔσει, παῖ, σὺ μικρόν, ἀλλὰ μέγα πάντως ἀγαθὸν ἢ κα-
2.3 κόν'. ἐπεὶ καὶ τῶν παιδεύσεων τὰς μὲν ἠθοποιοὺς ἢ πρὸς ἡδονήν τινα καὶ χάριν ἐλευθέριον σπουδαζομένας ὀκνηρῶς καὶ ἀπροθύμως ἐξεμάνθανε, τῶν δ' εἰς σύνεσιν ἢ πρᾶξιν λεγομένων δῆλος ἦν ὑπερορῶν παρ' ἡλικίαν ὡς
2.4 τῇ φύσει πιστεύων. ὅθεν ὕστερον ἐν ταῖς ἐλευθερίοις καὶ ἀστείαις λεγομέναις διατριβαῖς ὑπὸ τῶν πεπαιδεῦσθαι δοκούντων χλευαζόμενος, ἠναγκάζετο φορτικώτερον

ἀμύνεσθαι, λέγων ὅτι λύραν μὲν ἁρμόσασθαι καὶ μεταχειρίσασθαι ψαλτήριον οὐκ ἐπίσταιτο, πόλιν δὲ μικρὰν
2.5 καὶ ἄδοξον παραλαβὼν ἔνδοξον καὶ μεγάλην ἀπεργάσασθαι. καίτοι Στησίμβροτος Ἀναξαγόρου τε διακοῦσαι τὸν Θεμιστοκλέα φησὶ καὶ περὶ Μέλισσον σπουδάσαι τὸν φυσικόν, οὐκ εὖ τῶν χρόνων ἁπτόμενος· Περικλεῖ γάρ, ὃς πολὺ νεώτερος ἦν Θεμιστοκλέους, Μέλισσος μὲν ἀντεστρατήγει πολιορκοῦντι Σα-
2.6 μίους, Ἀναξαγόρας δὲ συνδιέτριβε. μᾶλλον οὖν ἄν τις προσέχοι τοῖς Μνησιφίλου τὸν Θεμιστοκλέα τοῦ Φρεαρρίου ζηλωτὴν γενέσθαι λέγουσιν, οὔτε ῥήτορος ὄντος οὔτε τῶν φυσικῶν κληθέντων φιλοσόφων, ἀλλὰ τὴν τότε καλουμένην σοφίαν, οὖσαν δὲ δεινότητα πολιτικὴν καὶ δραστήριον σύνεσιν, ἐπιτήδευμα πεποιημένου καὶ διασῴζοντος ὥσπερ αἵρεσιν ἐκ διαδοχῆς ἀπὸ Σόλωνος· ἣν οἱ μετὰ ταῦτα δικανικαῖς μείξαντες τέχναις καὶ μεταγαγόντες ἀπὸ τῶν πράξεων τὴν ἄσκησιν ἐπὶ τοὺς λόγους,
2.7 σοφισταὶ προσηγορεύθησαν. τούτῳ μὲν οὖν ἤδη πολιτευόμενος ἐπλησίαζεν. ἐν δὲ ταῖς πρώταις τῆς νεότητος ὁρμαῖς ἀνώμαλος ἦν καὶ ἀστάθμητος, ἅτε τῇ φύσει καθ' αὑτὴν χρώμενος, ἄνευ λόγου καὶ παιδείας ἐπ' ἀμφότερα μεγάλας ποιουμένῃ μεταβολὰς τῶν ἐπιτηδευμάτων, καὶ πολλάκις ἐξισταμένη πρὸς τὸ χεῖρον, ὡς ὕστερον αὐτὸς ὡμολόγει, καὶ τοὺς τραχυτάτους πώλους ἀρίστους ἵππους γίγνεσθαι φάσκων, ὅταν ἧς προσήκει τύχωσι παιδείας
2.8 καὶ καταρτύσεως. ἃ δὲ τούτων ἐξαρτῶσιν ἔνιοι διηγήματα πλάττοντες, ἀποκήρυξιν μὲν ὑπὸ τοῦ πατρὸς αὐτοῦ, θάνατον δὲ τῆς μητρὸς ἑκούσιον ἐπὶ τῇ τοῦ παιδὸς ἀτιμίᾳ περιλύπου γενομένης, δοκεῖ κατεψεῦσθαι, καὶ τοὐναντίον εἰσὶν οἱ λέγοντες, ὅτι τοῦ τὰ κοινὰ πράττειν ἀποτρέπων αὐτὸν ὁ πατὴρ ἐπεδείκνυε πρὸς τῇ θαλάττῃ τὰς παλαιὰς τριήρεις ἐρριμμένας καὶ παρορωμένας, ὡς δὴ καὶ πρὸς τοὺς δημαγωγούς, ὅταν ἄχρηστοι γένωνται, τῶν πολλῶν ὁμοίως ἐχόντων.

3.1 Ταχὺ μέντοι καὶ νεανικῶς ἔοικεν ἅψασθαι τοῦ Θεμιστοκλέους τὰ πολιτικὰ πράγματα καὶ σφόδρα ἡ πρὸς δόξαν ὁρμὴ κρατῆσαι. δι' ἣν εὐθὺς ἐξ ἀρχῆς τοῦ πρωτεύειν ἐφιέμενος, ἰταμῶς ὑφίστατο τὰς πρὸς τοὺς δυναμένους ἐν τῇ πόλει καὶ πρωτεύοντας ἀπεχθείας, μάλιστα δ' Ἀριστείδην τὸν Λυσιμάχου, τὴν ἐναντίαν αἰεὶ πορευόμε-
3.2 νον αὐτῷ. καίτοι δοκεῖ παντάπασιν ἡ πρὸς τοῦτον ἔχθρα

μειρακιώδη λαβεῖν ἀρχήν· ἡράσθησαν γὰρ ἀμφότεροι τοῦ
καλοῦ Στησίλεω, Κείου τὸ γένος ὄντος, ὡς Ἀρίστων ὁ
φιλόσοφος ἱστόρηκεν. ἐκ δὲ τούτου διετέ-
3.3 λουν καὶ περὶ τὰ δημόσια στασιάζοντες. οὐ μὴν ἀλλ' ἡ
τῶν βίων καὶ τῶν τρόπων ἀνομοιότης ἔοικεν αὐξῆσαι
τὴν διαφοράν. πρᾷος γὰρ ὢν φύσει καὶ καλοκαγαθικὸς
τὸν τρόπον ὁ Ἀριστείδης, καὶ πολιτευόμενος οὐ πρὸς
χάριν οὐδὲ πρὸς δόξαν, ἀλλ' ἀπὸ τοῦ βελτίστου μετ' ἀσφα-
λείας καὶ δικαιοσύνης, ἠναγκάζετο τῷ Θεμιστοκλεῖ τὸν
δῆμον ἐπὶ πολλὰ κινοῦντι καὶ μεγάλας ἐπιφέροντι και-
νοτομίας ἐναντιοῦσθαι πολλάκις, ἐνιστάμενος αὐτῷ πρὸς
3.4 τὴν αὔξησιν. λέγεται γὰρ οὕτω παράφορος πρὸς δόξαν
εἶναι καὶ πράξεων μεγάλων ὑπὸ φιλοτιμίας ἐραστής,
ὥστε νέος ὢν ἔτι, τῆς ἐν Μαραθῶνι μάχης πρὸς τοὺς
βαρβάρους γενομένης καὶ τῆς Μιλτιάδου στρατηγίας
διαβοηθείσης, σύννους ὁρᾶσθαι τὰ πολλὰ πρὸς ἑαυτῷ
καὶ τὰς νύκτας ἀγρυπνεῖν καὶ τοὺς πότους παραιτεῖσθαι
τοὺς συνήθεις, καὶ λέγειν πρὸς τοὺς ἐρωτῶντας καὶ
θαυμάζοντας τὴν περὶ τὸν βίον μεταβολήν, ὡς καθεύ-
3.5 δειν αὐτὸν οὐκ ἐῴη τὸ Μιλτιάδου τρόπαιον. οἱ μὲν γὰρ
ἄλλοι πέρας ᾤοντο τοῦ πολέμου τὴν ἐν Μαραθῶνι τῶν
βαρβάρων ἧτταν εἶναι, Θεμιστοκλῆς δ' ἀρχὴν μειζόνων
ἀγώνων, ἐφ' οὓς ἑαυτὸν ὑπὲρ τῆς ὅλης Ἑλλάδος ἤλειφε
καὶ τὴν πόλιν ἤσκει, πόρρωθεν ἤδη προσδοκῶν τὸ
μέλλον.

4.1 Καὶ πρῶτον μὲν τὴν Λαυρεωτικὴν πρόσοδον ἀπὸ
τῶν ἀργυρείων μετάλλων ἔθος ἐχόντων Ἀθηναίων δια-
νέμεσθαι, μόνος εἰπεῖν ἐτόλμησε παρελθὼν εἰς τὸν δῆ-
μον, ὡς χρὴ τὴν διανομὴν ἐάσαντας ἐκ τῶν χρημάτων
τούτων κατασκευάσασθαι τριήρεις ἐπὶ τὸν πρὸς Αἰγινήτας
πόλεμον. ἤκμαζε γὰρ οὗτος ἐν τῇ Ἑλλάδι μάλιστα,
καὶ κατεῖχον οἱ νησιῶται πλήθει νεῶν τὴν θάλατταν.
4.2 ᾗ καὶ ῥᾷον ὁ Θεμιστοκλῆς συνέπεισεν, οὐ Δαρεῖον οὐδὲ
Πέρσας μακρὰν γὰρ ἦσαν οὗτοι καὶ δέος οὐ πάνυ
βέβαιον ὡς ἀφιξόμενοι παρεῖχον ἐπισείων, ἀλλὰ τῇ
πρὸς Αἰγινήτας ὀργῇ καὶ φιλονικίᾳ τῶν πολιτῶν ἀπο-
4.3 χρησάμενος εὐκαίρως ἐπὶ τὴν παρασκευήν. ἑκατὸν γὰρ
ἀπὸ τῶν χρημάτων ἐκείνων ἐποιήθησαν τριήρεις, αἷς
καὶ πρὸς Ξέρξην ἐναυμάχησαν.
4.4 Ἐκ δὲ τούτου κατὰ μικρὸν ὑπάγων καὶ καταβιβάζων
τὴν πόλιν πρὸς τὴν θάλατταν, ὡς τὰ πεζὰ μὲν οὐδὲ τοῖς

ὁμόροις ἀξιομάχους ὄντας, τῇ δ' ἀπὸ τῶν νεῶν ἀλκῇ
καὶ τοὺς βαρβάρους ἀμύνασθαι καὶ τῆς Ἑλλάδος ἄρχειν
δυναμένους, ἀντὶ μονίμων ὁπλιτῶν, ὥς φησιν ὁ Πλάτων,
ναυβάτας καὶ θαλασσίους ἐποίησε, καὶ δια-
βολὴν καθ' ἑαυτοῦ παρέσχεν, ὡς ἄρα Θεμιστοκλῆς τὸ
δόρυ καὶ τὴν ἀσπίδα τῶν πολιτῶν παρελόμενος εἰς ὑπη-
4.5 ρέσιον καὶ κώπην συνέστειλε τὸν Ἀθηναίων δῆμον. ἔπρα-
ξε δὲ ταῦτα Μιλτιάδου κρατήσας ἀντιλέγοντος, ὡς ἱστορεῖ
Στησίμβροτος. εἰ μὲν δὴ τὴν ἀκρί-
βειαν καὶ τὸ καθαρὸν τοῦ πολιτεύματος ἔβλαψεν ἢ μὴ
ταῦτα πράξας, ἔστω φιλοσοφώτερον ἐπισκοπεῖν· ὅτι δ' ἡ
τότε σωτηρία τοῖς Ἕλλησιν ἐκ τῆς θαλάττης ὑπῆρξε καὶ
τὴν Ἀθηναίων πόλιν καυθεῖσαν αὖθις ἀνέστησαν αἱ τρι-
4.6 ήρεις ἐκεῖναι, τά τ' ἄλλα καὶ Ξέρξης αὐτὸς ἐμαρτύρησε.
τῆς γὰρ πεζικῆς δυνάμεως ἀθραύστου διαμενούσης, ἔφυγε
μετὰ τὴν τῶν νεῶν ἧτταν ὡς οὐκ ἂν ἀξιόμαχος, καὶ
Μαρδόνιον ἐμποδὼν εἶναι τοῖς Ἕλλησι τῆς διώξεως μᾶλ-
λον ἢ δουλωσόμενον αὐτοὺς ὡς ἐμοὶ δοκεῖ κατέλιπεν.

5.1 Σύντονον δ' αὐτὸν γεγονέναι χρηματιστὴν οἱ μέν
τινές φασι δι' ἐλευθεριότητα· καὶ γὰρ φιλοθύτην ὄντα
καὶ λαμπρὸν ἐν ταῖς περὶ τοὺς ξένους δαπάναις, ἀφθόνου
δεῖσθαι χορηγίας· οἱ δὲ τοὐναντίον γλισχρότητα πολλὴν
καὶ μικρολογίαν κατηγοροῦσιν, ὡς καὶ τὰ πεμπόμενα
5.2 τῶν ἐδωδίμων πωλοῦντος. ἐπεὶ δὲ Διφιλίδης ὁ ἱπποτρό-
φος αἰτηθεὶς ὑπ' αὐτοῦ πῶλον οὐκ ἔδωκεν, ἠπείλησε τὴν
οἰκίαν αὐτοῦ ταχὺ ποιήσειν δούρειον ἵππον, αἰνιξάμενος
ἐγκλήματα συγγενικὰ καὶ δίκας τῷ ἀνθρώπῳ πρὸς οἰ-
κείους τινὰς ταράξειν.
5.3   Τῇ δὲ φιλοτιμίᾳ πάντας ὑπερέβαλεν, ὥστ' ἔτι μὲν ὢν
νέος καὶ ἀφανὴς Ἐπικλέα τὸν ἐξ Ἑρμιόνος κιθαριστὴν
σπουδαζόμενον ὑπὸ τῶν Ἀθηναίων ἐκλιπαρῆσαι μελετᾶν
παρ' αὐτῷ, φιλοτιμούμενος πολλοὺς τὴν οἰκίαν ζητεῖν καὶ
5.4 φοιτᾶν πρὸς αὐτόν. εἰς δ' Ὀλυμπίαν ἐλθὼν καὶ διαμιλ-
λώμενος τῷ Κίμωνι περὶ δεῖπνα καὶ σκηνὰς καὶ τὴν
ἄλλην λαμπρότητα καὶ παρασκευήν, οὐκ ἤρεσκε τοῖς
Ἕλλησιν. ἐκείνῳ μὲν γὰρ ὄντι νέῳ καὶ ἀπ' οἰκίας μεγάλης
ᾤοντο δεῖν τὰ τοιαῦτα συγχωρεῖν· ὁ δὲ μήπω γνώριμος
γεγονώς, ἀλλὰ δοκῶν ἐξ οὐχ ὑπαρχόντων καὶ παρ' ἀξίαν
5.5 ἐπαίρεσθαι, προσωφλίσκανεν ἀλαζονείαν. ἐνίκησε δὲ καὶ
χορηγῶν τραγῳδοῖς, μεγάλην ἤδη τότε σπουδὴν καὶ φι-
λοτιμίαν τοῦ ἀγῶνος ἔχοντος, καὶ πίνακα τῆς νίκης ἀνέ-

θηκε τοιαύτην ἐπιγραφὴν ἔχοντα· "Θεμιστοκλῆς Φρεάρριος ἐχορήγει, Φρύνιχος ἐδίδασκεν, Ἀδείμαντος ἦρχεν."
5.6 οὐ μὴν ἀλλὰ τοῖς πολλοῖς ἐνήρμοττε, τοῦτο μὲν ἑκάστου τῶν πολιτῶν τοὔνομα λέγων ἀπὸ στόματος, τοῦτο δὲ κριτὴν ἀσφαλῆ περὶ τὰ συμβόλαια παρέχων ἑαυτόν, ὥς που καὶ πρὸς Σιμωνίδην τὸν Κεῖον εἰπεῖν, αἰτούμενόν τι τῶν οὐ μετρίων παρ' αὐτοῦ στρατηγοῦντος, ὡς οὔτ' ἐκεῖνος ἂν γένοιτο ποιητὴς ἀγαθὸς ᾄδων παρὰ μέλος,
5.7 οὔτ' αὐτὸς ἀστεῖος ἄρχων παρὰ νόμον χαριζόμενος. πάλιν δέ ποτε τὸν Σιμωνίδην ἐπισκώπτων ἔλεγε νοῦν οὐκ ἔχειν, Κορινθίους μὲν λοιδοροῦντα μεγάλην οἰκοῦντας πόλιν, αὐτοῦ δὲ ποιούμενον εἰκόνας οὕτως ὄντος αἰσχροῦ τὴν ὄψιν. αὐξόμενος δὲ καὶ τοῖς πολλοῖς ἀρέσκων, τέλος κατεστασίασε καὶ μετέστησεν ἐξοστρακισθέντα τὸν Ἀριστείδην.

6.1 Ἤδη δὲ τοῦ Μήδου καταβαίνοντος ἐπὶ τὴν Ἑλλάδα, καὶ τῶν Ἀθηναίων βουλευομένων περὶ στρατηγοῦ, τοὺς μὲν ἄλλους ἑκόντας ἐκστῆναι τῆς στρατηγίας λέγουσιν ἐκπεπληγμένους τὸν κίνδυνον, Ἐπικύδην δὲ τὸν Εὐφημίδου, δημαγωγὸν ὄντα δεινὸν μὲν εἰπεῖν, μαλακὸν δὲ τῇ ψυχῇ καὶ χρημάτων ἥττονα, τῆς ἀρχῆς ἐφίεσθαι καὶ
6.2 κρατήσειν ἐπίδοξον εἶναι τῇ χειροτονίᾳ. τὸν οὖν Θεμιστοκλέα, δείσαντα μὴ τὰ πράγματα διαφθαρείη παντάπασι τῆς ἡγεμονίας εἰς ἐκεῖνον ἐμπεσούσης, χρήμασι
6.3 τὴν φιλοτιμίαν ἐξωνήσασθαι παρὰ τοῦ Ἐπικύδους. ἐπαινεῖται δ' αὐτοῦ καὶ τὸ περὶ τὸν δίγλωσσον ἔργον ἐν τοῖς πεμφθεῖσιν ὑπὸ βασιλέως ἐπὶ γῆς καὶ ὕδατος αἴτησιν.
6.4 ἑρμηνέα γὰρ ὄντα συλλαβὼν διὰ ψηφίσματος ἀπέκτεινεν, ὅτι φωνὴν Ἑλληνίδα βαρβάροις προστάγμασιν ἐτόλμησε χρῆσαι. ἔτι δὲ καὶ τὸ περὶ Ἄρθμιον τὸν Ζελείτην· Θεμιστοκλέους γὰρ εἰπόντος καὶ τοῦτον εἰς τοὺς ἀτίμους καὶ παῖδας αὐτοῦ καὶ γένος ἐνέγραψαν, ὅτι τὸν ἐκ Μή-
6.5 δων χρυσὸν εἰς τοὺς Ἕλληνας ἐκόμισε. μέγιστον δὲ πάντων τὸ καταλῦσαι τοὺς Ἑλληνικοὺς πολέμους καὶ διαλλάξαι τὰς πόλεις ἀλλήλαις, πείσαντα τὰς ἔχθρας διὰ τὸν πόλεμον ἀναβαλέσθαι· πρὸς ὃ καὶ Χείλεων τὸν Ἀρκάδα μάλιστα συναγωνίσασθαι λέγουσι.

7.1 Παραλαβὼν δὲ τὴν ἀρχήν, εὐθὺς μὲν ἐπεχείρει τοὺς πολίτας ἐμβιβάζειν εἰς τὰς τριήρεις, καὶ τὴν πόλιν ἔπειθεν ἐκλιπόντας ὡς προσωτάτω τῆς Ἑλλάδος ἀπαν-

7.2 τᾶν τῷ βαρβάρῳ κατὰ θάλατταν. ἐνισταμένων δὲ πολλῶν, ἐξήγαγε πολλὴν στρατιὰν εἰς τὰ Τέμπη μετὰ Λακεδαιμονίων, ὡς αὐτόθι προκινδυνεύσων τῆς Θεσσαλίας, οὔπω τότε μηδίζειν δοκούσης· ἐπεὶ δ' ἀνεχώρησαν ἐκεῖθεν ἄπρακτοι, καὶ Θεσσαλῶν βασιλεῖ προσγενομένων ἐμήδιζε τὰ μέχρι Βοιωτίας, μᾶλλον ἤδη τῷ Θεμιστοκλεῖ προσεῖχον οἱ Ἀθηναῖοι περὶ τῆς θαλάσσης, καὶ πέμπεται μετὰ νεῶν ἐπ' Ἀρτεμίσιον τὰ στενὰ φυλάξων.

7.3 ἔνθα δὴ τῶν μὲν Ἑλλήνων Εὐρυβιάδην καὶ Λακεδαιμονίους ἡγεῖσθαι κελευόντων, τῶν δ' Ἀθηναίων, ὅτι πλήθει τῶν νεῶν σύμπαντας ὁμοῦ τι τοὺς ἄλλους ὑπερέβαλλον, οὐκ ἀξιούντων ἑτέροις ἕπεσθαι, συνιδὼν τὸν κίνδυνον ὁ Θεμιστοκλῆς αὐτός τε τὴν ἀρχὴν τῷ Εὐρυβιάδῃ παρῆκε, καὶ κατεπράυνε τοὺς Ἀθηναίους, ὑπισχνούμενος, ἂν ἄνδρες ἀγαθοὶ γένωνται πρὸς τὸν πόλεμον, ἑκόντας αὐτοῖς

7.4 παρέξειν εἰς τὰ λοιπὰ πειθομένους τοὺς Ἕλληνας. διὸ καὶ δοκεῖ τῆς σωτηρίας αἰτιώτατος γενέσθαι τῇ Ἑλλάδι, καὶ μάλιστα τοὺς Ἀθηναίους προαγαγεῖν εἰς δόξαν, ὡς ἀνδρείᾳ μὲν τῶν πολεμίων, εὐγνωμοσύνῃ δὲ τῶν συμμάχων περιγενομένους.

7.5 Ἐπεὶ δὲ ταῖς Ἀφεταῖς τοῦ βαρβαρικοῦ στόλου προσμείξαντος, ἐκπλαγεὶς ὁ Εὐρυβιάδης τῶν κατὰ στόμα νεῶν τὸ πλῆθος, ἄλλας δὲ πυνθανόμενος διακοσίας ὑπὲρ Σκιάθου κύκλῳ περιπλεῖν, ἐβούλετο τὴν ταχίστην εἴσω τῆς Ἑλλάδος κομισθεὶς ἅψασθαι Πελοποννήσου καὶ τὸν πεζὸν στρατὸν ταῖς ναυσὶ προσπεριβαλέσθαι, παντάπασιν ἀπρόσμαχον ἡγούμενος τὴν κατὰ θάλατταν ἀλκὴν βασιλέως, δείσαντες οἱ Εὐβοεῖς μὴ σφᾶς οἱ Ἕλληνες πρόωνται, κρύφα τῷ Θεμιστοκλεῖ διελέγοντο, Πελάγοντα μετὰ

7.6 χρημάτων πολλῶν πέμψαντες. ἃ λαβὼν ἐκεῖνος, ὡς Ἡρόδοτος ἱστόρηκε, τοῖς περὶ τὸν Εὐρυβιάδην ἔδωκεν. ἐναντιουμένου δ' αὐτῷ μάλιστα τῶν πολιτῶν Ἀρχιτέλους, ὃς ἦν μὲν ἐπὶ τῆς ἱερᾶς νεὼς τριήραρχος, οὐκ ἔχων δὲ χρήματα τοῖς ναύταις χορηγεῖν ἔσπευδεν ἀποπλεῦσαι, παρώξυνεν ἔτι μᾶλλον ὁ Θεμιστοκλῆς τοὺς τριηρίτας ἐπ' αὐτόν, ὥστε τὸ δεῖπνον ἁρπάσαι συνδραμόντας.

7.7 τοῦ δ' Ἀρχιτέλους ἀθυμοῦντος ἐπὶ τούτῳ καὶ βαρέως φέροντος, εἰσέπεμψεν ὁ Θεμιστοκλῆς πρὸς αὐτὸν ἐν κίστῃ δεῖπνον ἄρτων καὶ κρεῶν, ὑποθεὶς κάτω τάλαντον ἀργυρίου καὶ κελεύσας αὐτόν τε δειπνεῖν ἐν τῷ παρόντι καὶ μεθ' ἡμέραν ἐπιμεληθῆναι τῶν τριηριτῶν· εἰ δὲ μή, καταβοήσειν αὐτοῦ πρὸς τοὺς πολίτας ὡς ἔχοντος ἀργύριον παρὰ τῶν πολεμίων. ταῦτα μὲν οὖν Φανίας ὁ Λέσβιος εἴρηκεν.

8.1 Αἱ δὲ γενόμεναι τότε πρὸς τὰς τῶν βαρβάρων ναῦς περὶ τὰ στενὰ μάχαι κρίσιν μὲν εἰς τὰ ὅλα μεγάλην οὐκ ἐποίησαν, τῇ δὲ πείρᾳ μέγιστα τοὺς Ἕλληνας ὤνησαν, ὑπὸ τῶν ἔργων παρὰ τοὺς κινδύνους διδαχθέντας, ὡς οὔτε πλήθη νεῶν οὔτε κόσμοι καὶ λαμπρότητες ἐπισήμων οὔτε κραυγαὶ κομπώδεις ἢ βάρβαροι παιᾶνες ἔχουσί τι δεινὸν ἀνδράσιν ἐπισταμένοις εἰς χεῖρας ἰέναι καὶ μάχεσθαι τολμῶσιν, ἀλλὰ δεῖ τῶν τοιούτων καταφρονοῦντας ἐπ' αὐτὰ τὰ σώματα φέρεσθαι καὶ πρὸς ἐκεῖνα δια-
8.2 γωνίζεσθαι συμπλακέντας. ὃ δὴ καὶ Πίνδαρος οὐ κακῶς ἔοικε συνιδὼν ἐπὶ τῆς ἐν Ἀρτεμισίῳ μάχης εἰπεῖν

ὅθι παῖδες Ἀθαναίων ἐβάλοντο φαενναν
κρηπῖδ' ἐλευθερίας·

8.3 ἀρχὴ γὰρ ὄντως τοῦ νικᾶν τὸ θαρρεῖν. ἔστι δὲ τῆς Εὐβοίας τὸ Ἀρτεμίσιον ὑπὲρ τὴν Ἑστίαιαν αἰγιαλὸς εἰς βορέαν ἀναπεπταμένος, ἀνταίρει δ' αὐτῷ μάλιστα τῆς
8.4 ὑπὸ Φιλοκτήτῃ γενομένης χώρας Ὀλιζών. ἔχει δὲ ναὸν οὐ μέγαν Ἀρτέμιδος ἐπίκλησιν Προσηῴας, καὶ δένδρα περὶ αὐτὸν πέφυκε καὶ στῆλαι κύκλῳ λίθου λευκοῦ πεπήγασιν· ὁ δὲ λίθος τῇ χειρὶ τριβόμενος καὶ χρόαν καὶ
8.5 ὀσμὴν κροκίζουσαν ἀναδίδωσιν. ἐν μιᾷ δὲ τῶν στηλῶν ἐλεγεῖον ἦν τόδε γεγραμμένον.

παντοδαπῶν ἀνδρῶν γενεὰς Ἀσίας ἀπὸ χώρας
παῖδες Ἀθηναίων τῷδέ ποτ' ἐν πελάγει
ναυμαχίᾳ δαμάσαντες, ἐπεὶ στρατὸς ὤλετο Μήδων,
σήματα ταῦτ' ἔθεσαν παρθένῳ Ἀρτέμιδι.

8.6 δείκνυται δὲ τῆς ἀκτῆς τόπος ἐν πολλῇ τῇ πέριξ θινὶ κόνιν τεφρώδη καὶ μέλαιναν ἐκ βάθους ἀναδιδούς, ὥσπερ πυρίκαυστον, ἐν ᾧ τὰ ναυάγια καὶ νεκροὺς καῦσαι δοκοῦσι.
9.1 Τῶν μέντοι περὶ Θερμοπύλας εἰς τὸ Ἀρτεμίσιον ἀπαγγελλόντων πυθόμενοι Λεωνίδαν τε κεῖσθαι καὶ κρατεῖν Ξέρξην τῶν κατὰ γῆν παρόδων, εἴσω τῆς Ἑλλάδος ἀνεκομίζοντο, τῶν Ἀθηναίων ἐπὶ πᾶσι τετα-

γμένων δι' ἀρετὴν καὶ μέγα τοῖς πεπραγμένοις φρο-
9.2 νούντων. παραπλέων δὲ τὴν χώραν ὁ Θεμιστοκλῆς, ᾗπερ
κατάρσεις ἀναγκαίας καὶ καταφυγὰς ἑώρα τοῖς πολε-
μίοις, ἐνεχάραττε κατὰ τῶν λίθων ἐπιφανῆ γράμματα,
τοὺς μὲν εὑρίσκων ἀπὸ τύχης, τοὺς δ' αὐτὸς ἱστὰς περὶ
τὰ ναυλόχια καὶ τὰς ὑδρείας, ἐπισκήπτων Ἴωσι διὰ
τῶν γραμμάτων, εἰ μὲν οἷόν τε, μετατάξασθαι πρὸς αὑ-
τούς, πατέρας ὄντας καὶ προκινδυνεύοντας ὑπὲρ τῆς ἐκεί-
νων ἐλευθερίας, εἰ δὲ μή, κακοῦν τὸ βαρβαρικὸν ἐν ταῖς
μάχαις καὶ συνταράττειν. ταῦτα δ' ἤλπιζεν ἢ μεταστή-
σειν τοὺς Ἴωνας ἢ ταράξειν ὑποπτοτέρους τοὺς βαρβά-
ρους γενομένους.
9.3   Ξέρξου δὲ διὰ τῆς Δωρίδος ἄνωθεν ἐμβαλόντος εἰς
τὴν Φωκίδα καὶ τὰ τῶν Φωκέων ἄστη πυρπολοῦντος, οὐ
προσήμυναν οἱ Ἕλληνες, καίπερ τῶν Ἀθηναίων δεομένων
εἰς τὴν Βοιωτίαν ἀπαντῆσαι πρὸ τῆς Ἀττικῆς, ὥσπερ
9.4 αὐτοὶ κατὰ θάλατταν ἐπ' Ἀρτεμίσιον ἐβοήθησαν. μηδενὸς
δ' ὑπακούοντος αὐτοῖς, ἀλλὰ τῆς Πελοποννήσου περιεχο-
μένων καὶ πᾶσαν ἐντὸς Ἰσθμοῦ τὴν δύναμιν ὡρμημένων
συνάγειν, καὶ διατειχιζόντων τὸν Ἰσθμὸν εἰς θάλατταν
ἐκ θαλάττης, ἅμα μὲν ὀργὴ τῆς προδοσίας εἶχε τοὺς
Ἀθηναίους, ἅμα δὲ δυσθυμία καὶ κατήφεια μεμονωμέ-
9.5 νους. μάχεσθαι μὲν γὰρ οὐ διενοοῦντο μυριάσι στρατοῦ
τοσαύταις· ὃ δ' ἦν μόνον ἀναγκαῖον ἐν τῷ παρόντι, τὴν
πόλιν ἀφέντας ἐμφῦναι ταῖς ναυσίν, οἱ πολλοὶ
χαλεπῶς ἤκουον, ὡς μήτε νίκης δεόμενοι μήτε σωτηρίαν
ἐπιστάμενοι θεῶν ἱερὰ καὶ πατέρων ἡρῷα προϊεμένων.

10.1   Ἔνθα δὴ Θεμιστοκλῆς, ἀπορῶν τοῖς ἀνθρωπίνοις
λογισμοῖς προσάγεσθαι τὸ πλῆθος, ὥσπερ ἐν τραγῳδίᾳ
μηχανὴν ἄρας, σημεῖα δαιμόνια καὶ χρησμοὺς ἐπῆγεν
αὐτοῖς, σημεῖον μὲν λαμβάνων τὸ τοῦ δράκοντος, ὃς ἀφα-
νὴς ταῖς ἡμέραις ἐκείναις ἐκ τοῦ σηκοῦ δοκεῖ γενέσθαι,
10.2 καὶ τὰς καθ' ἡμέραν αὐτῷ προτιθεμένας ἀπαρχὰς εὑρί-
σκοντες ἀψαύστους, οἱ ἱερεῖς ἐξήγγελλον εἰς τοὺς πολ-
λούς, τοῦ Θεμιστοκλέους λόγον διδόντος ὡς ἀπο-
λέλοιπε τὴν πόλιν ἡ θεὸς ὑφηγουμένη πρὸς τὴν θάλασ-
10.3 σαν αὐτοῖς· τῷ δὲ χρησμῷ πάλιν ἐδημαγώγει, λέγων
μηδὲν ἄλλο δηλοῦσθαι ξύλινον τεῖχος ἢ τὰς ναῦς· διὸ
καὶ τὴν Σαλαμῖνα θείαν, οὐχὶ δεινὴν οὐδὲ σχετλίαν κα-
λεῖν τὸν θεόν, ὡς εὐτυχήματος μεγάλου τοῖς Ἕλλησιν
10.4 ἐπώνυμον ἐσομένην. κρατήσας δὲ τῇ γνώμῃ ψήφισμα

γράφει, τὴν μὲν πόλιν παρακαταθέσθαι τῇ Ἀθηνᾷ τῇ
Ἀθηνῶν μεδεούσῃ, τοὺς δ' ἐν ἡλικίᾳ πάντας ἐμβαίνειν
εἰς τὰς τριήρεις, παῖδας δὲ καὶ γυναῖκας καὶ ἀνδράποδα
10.5 σῴζειν ἕκαστον ὡς ἂν δύνηται. κυρωθέντος δὲ τοῦ ψηφίσματος οἱ πλεῖστοι τῶν Ἀθηναίων ὑπεξέθεντο γενεὰς
καὶ γυναῖκας εἰς Τροιζῆνα, φιλοτίμως πάνυ τῶν Τροιζηνίων
ὑποδεχομένων· καὶ γὰρ τρέφειν ἐψηφίσαντο δημοσίᾳ, δύο
ὀβολοὺς ἑκάστῳ διδόντες, καὶ τῆς ὀπώρας λαμβάνειν
ἐξεῖναι τοὺς παῖδας πανταχόθεν, ἔτι δ' ὑπὲρ αὐτῶν διδασκάλοις τελεῖν μισθούς. τὸ δὲ ψήφισμα Νικαγόρας
ἔγραψεν.
10.6 Οὐκ ὄντων δὲ δημοσίων χρημάτων τοῖς Ἀθηναίοις,
Ἀριστοτέλης μέν φησι τὴν ἐξ Ἀρείου πάγου
βουλὴν πορίσασαν ὀκτὼ δραχμὰς ἑκάστῳ τῶν στρατευομένων αἰτιωτάτην γενέσθαι τοῦ πληρωθῆναι τὰς τριήρεις, Κλείδημος δὲ καὶ τοῦτο τοῦ Θε-
10.7 μιστοκλέους ποιεῖται στρατήγημα. καταβαινόντων γὰρ
εἰς Πειραιᾶ τῶν Ἀθηναίων φησὶν ἀπολέσθαι τὸ Γοργόνειον ἀπὸ τῆς θεοῦ τοῦ ἀγάλματος· τὸν οὖν Θεμιστοκλέα προσποιούμενον ζητεῖν καὶ διερευνώμενον ἅπαντα,
χρημάτων ἀνευρίσκειν πλῆθος ἐν ταῖς ἀποσκευαῖς ἀποκεκρυμμένον, ὧν εἰς μέσον κομισθέντων εὐπορῆσαι τοὺς
ἐμβαίνοντας εἰς τὰς ναῦς ἐφοδίων.
10.8 Ἐκπλεούσης δὲ τῆς πόλεως τοῖς μὲν οἶκτον τὸ θέαμα,
τοῖς δὲ θαῦμα τῆς τόλμης παρεῖχε, γενεὰς μὲν ἄλλῃ
προπεμπόντων, αὐτῶν δ' ἀκάμπτων πρὸς οἰμωγὰς καὶ
δάκρυα γονέων καὶ περιβολὰς διαπερώντων εἰς τὴν νῆσον.
10.9 καίτοι πολὺν μὲν οἱ διὰ γῆρας ὑπολειπόμενοι τῶν πολιτῶν ἔλεον εἶχον, ἦν δέ τις καὶ ἀπὸ τῶν ἡμέρων καὶ συντρόφων ζῴων ἐπικλῶσα γλυκυθυμία, μετ' ὠρυγῆς καὶ
πόθου συμπαραθεόντων ἐμβαίνουσι τοῖς ἑαυτῶν τροφεῦ-
10.10 σιν. ἐν οἷς ἱστορεῖται κύων Ξανθίππου τοῦ Περικλέους
πατρός, οὐκ ἀνασχόμενος τὴν ἀπ' αὐτοῦ μόνωσιν, ἐναλέσθαι τῇ θαλάττῃ καὶ τῇ τριήρει παρανηχόμενος ἐκπεσεῖν εἰς τὴν Σαλαμῖνα, καὶ λιποθυμήσας ἀποθανεῖν εὐθύς· οὗ καὶ τὸ δεικνύμενον ἄχρι νῦν καὶ καλούμενον
Κυνὸς σῆμα τάφον εἶναι λέγουσι.

11.1 Ταῦτά τε δὴ μεγάλα τοῦ Θεμιστοκλέους, καὶ τοὺς
πολίτας αἰσθόμενος ποθοῦντας Ἀριστείδην καὶ δεδιότας
μὴ δι' ὀργὴν τῷ βαρβάρῳ προσθεὶς ἑαυτὸν ἀνατρέψῃ
τὰ πράγματα τῆς Ἑλλάδος ἐξωστράκιστο γὰρ πρὸ

τοῦ πολέμου καταστασιασθεὶς ὑπὸ Θεμιστοκλέους
γράφει ψήφισμα, τοῖς ἐπὶ χρόνῳ μεθεστῶσιν ἐξεῖναι
κατελθοῦσι πράττειν καὶ λέγειν τὰ βέλτιστα τῇ Ἑλλάδι
μετὰ τῶν ἄλλων πολιτῶν.
11.2 Εὐρυβιάδου δὲ τὴν μὲν ἡγεμονίαν τῶν νεῶν ἔχοντος
διὰ τὸ τῆς Σπάρτης ἀξίωμα, μαλακοῦ δὲ παρὰ τὸν κίνδυνον ὄντος, αἴρειν δὲ βουλομένου καὶ πλεῖν ἐπὶ τὸν
Ἰσθμόν, ὅπου καὶ τὸ πεζὸν ἤθροιστο τῶν Πελοποννη-
11.3 σίων, ὁ Θεμιστοκλῆς ἀντέλεγεν. ὅτε καὶ τὰ μνημονευόμενα λεχθῆναί φασι· τοῦ γὰρ Εὐρυβιάδου πρὸς αὐτὸν
εἰπόντος· "ὦ Θεμιστόκλεις, ἐν τοῖς ἀγῶσι τοὺς προεξανισταμένους ῥαπίζουσι", "ναί" εἶπεν ὁ Θεμιστοκλῆς,
"ἀλλὰ τοὺς ἀπολειφθέντας οὐ στεφανοῦσιν". ἐπαραμένου
δὲ τὴν βακτηρίαν ὡς πατάξοντος, ὁ Θεμιστοκλῆς ἔφη·
11.4 "πάταξον μέν, ἄκουσον δέ." θαυμάσαντος δὲ τὴν πρᾳότητα τοῦ Εὐρυβιάδου καὶ λέγειν κελεύσαντος, ὁ μὲν Θε-
11.5 μιστοκλῆς ἀνῆγεν αὐτὸν ἐπὶ τὸν λόγον· εἰπόντος δέ τινος
ὡς ἀνὴρ ἄπολις οὐκ ὀρθῶς διδάσκοι τοὺς ἔχοντας ἐγκαταλιπεῖν καὶ προέσθαι τὰς πατρίδας, ὁ Θεμιστοκλῆς ἐπιστρέψας τὸν λόγον "ἡμεῖς τοι' εἶπεν 'ὦ μοχθηρέ, τὰς
μὲν οἰκίας καὶ τὰ τείχη καταλελοίπαμεν, οὐκ ἀξιοῦντες
ἀψύχων ἕνεκα δουλεύειν· πόλις δ' ἡμῖν ἔστι μεγίστη
τῶν Ἑλληνίδων, αἱ διακόσιαι τριήρεις, αἳ νῦν μὲν ὑμῖν
παρεστᾶσι βοηθοὶ σῴζεσθαι δι' αὐτῶν βουλομένοις, εἰ
δ' ἄπιτε δεύτερον ἡμᾶς προδόντες, αὐτίκα πεύσεταί τις
Ἑλλήνων Ἀθηναίους καὶ πόλιν ἐλευθέραν καὶ χώραν οὐ
χείρονα κεκτημένους ἧς ἀπέβαλον." ταῦτα τοῦ Θεμιστοκλέους εἰπόντος, ἔννοια καὶ δέος ἔσχε τὸν Εὐρυβιάδην
11.6 τῶν Ἀθηναίων, μὴ σφᾶς ἀπολείποντες οἴχωνται. τοῦ
δ' Ἐρετριέως πειρωμένου τι λέγειν πρὸς αὐτόν, "ἦ γάρ"
ἔφη "καὶ ὑμῖν περὶ πολέμου τίς ἐστι λόγος, οἳ καθάπερ
αἱ τευθίδες μάχαιραν μὲν ἔχετε, καρδίαν δ' οὐκ ἔχετε;"

12.1 Λέγεται δ' ὑπό τινων τὸν μὲν Θεμιστοκλέα περὶ
τούτων ἀπὸ τοῦ καταστρώματος τῆς νεὼς διαλέγεσθαι, γλαῦκα δ' ὀφθῆναι διαπετομένην ἐπὶ δεξιᾶς
τῶν νεῶν καὶ τοῖς καρχησίοις ἐπικαθίζουσαν· διὸ δὴ
καὶ μάλιστα προσέθεντο τῇ γνώμῃ καὶ παρεσκευάζοντο
12.2 ναυμαχήσοντες. ἀλλ' ἐπεὶ τῶν πολεμίων ὅ τε στόλος τῇ
Ἀττικῇ κατὰ τὸ Φαληρικὸν προσφερόμενος τοὺς πέριξ
ἀπέκρυψεν αἰγιαλούς, αὐτός τε βασιλεὺς μετὰ τοῦ πεζοῦ
στρατοῦ καταβὰς ἐπὶ τὴν θάλατταν ἄθρους ὤφθη, τῶν

Plutarch's Themistocles 11

δυνάμεων ὁμοῦ γενομένων, ἐξερρύησαν οἱ τοῦ Θεμιστοκλέους λόγοι τῶν Ἑλλήνων, καὶ πάλιν ἐπάπταινον οἱ Πελοποννήσιοι πρὸς τὸν Ἰσθμόν, εἴ τις ἄλλο τι λέγοι χαλεπαίνοντες. ἐδόκει δὴ τῆς νυκτὸς ἀποχωρεῖν, καὶ παρηγ-
12.3 γέλλετο πλοῦς τοῖς κυβερνήταις. ἔνθα δὴ βαρέως φέρων ὁ Θεμιστοκλῆς εἰ τὴν ἀπὸ τοῦ τόπου καὶ τῶν στενῶν προέμενοι βοήθειαν οἱ Ἕλληνες διαλυθήσονται κατὰ πόλεις, ἐβουλεύετο καὶ συνετίθει τὴν περὶ τὸν Σίκιννον
12.4 πραγματείαν. ἦν δὲ τῷ μὲν γένει Πέρσης ὁ Σίκιννος αἰχμάλωτος, εὔνους δὲ τῷ Θεμιστοκλεῖ καὶ τῶν τέκνων αὐτοῦ παιδαγωγός. ὃν ἐκπέμπει πρὸς τὸν Ξέρξην κρύφα, κελεύσας λέγειν ὅτι Θεμιστοκλῆς ὁ τῶν Ἀθηναίων στρατηγὸς αἱρούμενος τὰ βασιλέως ἐξαγγέλλει πρῶτος αὐτῷ τοὺς Ἕλληνας ἀποδιδράσκοντας, καὶ διακελεύεται μὴ παρεῖναι φυγεῖν αὐτοῖς, ἀλλ' ἐν ᾧ ταράττονται τῶν πεζῶν χωρὶς ὄντες ἐπιθέσθαι καὶ διαφθεῖραι τὴν ναυτικὴν δύ-
12.5 ναμιν. ταῦτα δ' ὁ Ξέρξης ὡς ἀπ' εὐνοίας λελεγμένα δεξάμενος, ἥσθη καὶ εὐθὺς ἐξέφερε πρὸς τοὺς ἡγεμόνας τῶν νεῶν, τὰς μὲν ἄλλας πληροῦν καθ' ἡσυχίαν, διακοσίαις δ' ἀναχθέντας ἤδη περιβαλέσθαι τὸν πόρον ἐν κύκλῳ πάντα καὶ διαζῶσαι τὰς νήσους, ὅπως ἐκφύγοι
12.6 μηδεὶς τῶν πολεμίων. τούτων δὲ πραττομένων Ἀριστείδης ὁ Λυσιμάχου πρῶτος αἰσθόμενος ἧκεν ἐπὶ τὴν σκηνὴν τοῦ Θεμιστοκλέους, οὐκ ὢν φίλος, ἀλλὰ καὶ δι' ἐκεῖνον ἐξωστρακισμένος ὥσπερ εἴρηται· προελθόντι δὲ
12.7 τῷ Θεμιστοκλεῖ φράζει τὴν κύκλωσιν. ὁ δὲ τήν τ' ἄλλην καλοκαγαθίαν τοῦ ἀνδρὸς εἰδὼς καὶ τῆς τότε παρουσίας ἀγάμενος λέγει τὰ περὶ τὸν Σίκιννον αὐτῷ καὶ παρεκάλει τῶν Ἑλλήνων συνεπιλαμβάνεσθαι καὶ συμπροθυμεῖσθαι πίστιν ἔχοντα μᾶλλον, ὅπως ἐν τοῖς στενοῖς ναυμαχήσω-
12.8 σιν. ὁ μὲν οὖν Ἀριστείδης ἐπαινέσας τὸν Θεμιστοκλέα τοὺς ἄλλους ἐπῄει στρατηγοὺς καὶ τριηράρχους, ἐπὶ τὴν μάχην παροξύνων. ἔτι δ' ὅμως ἀπιστούντων, ἐφάνη Τενεδία τριήρης αὐτόμολος, ἧς ἐναυάρχει Παναίτιος, ἀπαγγέλλουσα τὴν κύκλωσιν, ὥστε καὶ θυμῷ τοὺς Ἕλληνας ὁρμῆσαι μετὰ τῆς ἀνάγκης πρὸς τὸν κίνδυνον.

13.1 Ἅμα δ' ἡμέρᾳ Ξέρξης μὲν ἄνω καθῆστο, τὸν στόλον ἐποπτεύων καὶ τὴν παράταξιν, ὡς μὲν Φανόδημός φησιν ὑπὲρ τὸ Ἡράκλειον, ᾗ βραχεῖ πόρῳ διείργεται τῆς Ἀττικῆς ἡ νῆσος, ὡς δ' Ἀκε-

βραχεῖ πόρῳ διείργεται τῆς Ἀττικῆς ἡ νῆσος, ὡς δ' Ἀκεστόδωρος ἐν μεθορίᾳ τῆς Μεγαρίδος
ὑπὲρ τῶν καλουμένων Κεράτων, χρυσοῦν δίφρον θέμενος καὶ γραμματεῖς πολλοὺς παραστησάμενος, ὧν ἔργον ἦν ἀπογράφεσθαι τὰ κατὰ τὴν μάχην πραττόμενα.
13.2 Θεμιστοκλεῖ δὲ παρὰ τὴν ναυαρχίδα τριήρη σφαγιαζομένῳ τρεῖς προσήχθησαν αἰχμάλωτοι, κάλλιστοι μὲν ἰδέσθαι τὴν ὄψιν, ἐσθῆτι δὲ καὶ χρυσῷ κεκοσμημένοι διαπρεπῶς.
ἐλέγοντο δὲ Σανδάκης παῖδες εἶναι τῆς βασιλέως ἀδελφῆς
13.3 καὶ Ἀρταΰκτου. τούτους ἰδὼν Εὐφραντίδης ὁ μάντις, ὡς ἅμα μὲν ἀνέλαμψεν ἐκ τῶν ἱερῶν μέγα καὶ περιφανὲς πῦρ, ἅμα δὲ πταρμὸς ἐκ δεξιῶν ἐσήμηνε, τὸν Θεμιστοκλέα δεξιωσάμενος ἐκέλευσε τῶν νεανίσκων κατάρξασθαι
καὶ καθιερεῦσαι πάντας Ὠμηστῇ Διονύσῳ προσευξάμενον· οὕτω γὰρ ἅμα σωτηρίαν καὶ νίκην ἔσεσθαι τοῖς
13.4 Ἕλλησιν. ἐκπλαγέντος δὲ τοῦ Θεμιστοκλέους ὡς μέγα τὸ μάντευμα καὶ δεινόν, οἷον εἴωθεν ἐν μεγάλοις ἀγῶσι καὶ πράγμασι χαλεποῖς, μᾶλλον ἐκ τῶν παραλόγων ἢ τῶν εὐλόγων τὴν σωτηρίαν ἐλπίζοντες οἱ πολλοὶ τὸν θεὸν ἅμα κοινῇ κατεκαλοῦντο φωνῇ, καὶ τοὺς αἰχμαλώτους τῷ βωμῷ προσαγαγόντες ἠνάγκασαν, ὡς ὁ μάντις
13.5 ἐκέλευσε, τὴν θυσίαν συντελεσθῆναι. ταῦτα μὲν οὖν ἀνὴρ φιλόσοφος καὶ γραμμάτων οὐκ ἄπειρος ἱστορικῶν ἀνίας ὁ Λέσβιος εἴρηκε.

14.1 Περὶ δὲ τοῦ πλήθους τῶν βαρβαρικῶν νεῶν Αἰσχύλος ὁ ποιητὴς ὡς ἂν εἰδὼς διαβεβαιούμενος ἐν Πέρσαις λέγει ταῦτα·

Ξέρξῃ δέ, καὶ γὰρ οἶδα, χιλιὰς μὲν ἦν
ὧν ἦγε πλῆθος· αἱ δ' ὑπέρκοποι τάχει
ἑκατὸν δὶς ἦσαν ἑπτά θ'· ὧδ' ἔχει λόγος.

14.2 τῶν δ' Ἀττικῶν ἑκατὸν ὀγδοήκοντα τὸ πλῆθος οὐσῶν ἑκάστη τοὺς ἀπὸ καταστρώματος μαχομένους ὀκτωκαίδεκα εἶχεν, ὧν τοξόται τέσσαρες ἦσαν, οἱ λοιποὶ δ' ὁπλῖται.
14.3 Δοκεῖ δ' οὐχ ἧττον εὖ τὸν καιρὸν ὁ Θεμιστοκλῆς ἢ τὸν τόπον συνιδὼν καὶ φυλάξας μὴ πρότερον ἀντιπρῴρους καταστῆσαι ταῖς βαρβαρικαῖς τὰς τριήρεις, ἢ τὴν

εἰωθυῖαν ὥραν παραγενέσθαι, τὸ πνεῦμα λαμπρὸν ἐκ
πελάγους αἰεὶ καὶ κῦμα διὰ τῶν στενῶν κατάγουσαν·
ὃ τὰς Ἑλληνικὰς μὲν οὐκ ἔβλαπτε ναῦς, ἀλιτενεῖς οὔσας
καὶ ταπεινοτέρας, τὰς δὲ βαρβαρικὰς ταῖς τε πρύμναις
ἀνεστώσας καὶ τοῖς καταστρώμασιν ὑψορόφους καὶ βα-
ρείας ἐπιφερομένας ἔσφαλλε προσπῖπτον καὶ παρεδίδου
πλαγίας τοῖς Ἕλλησιν ὀξέως προσφερομένοις καὶ τῷ Θε-
μιστοκλεῖ προσέχουσιν ὡς ὁρῶντι μάλιστα τὸ συμφέρον·
ὅθεν κατ' ἐκεῖνον ὁ Ξέρξου ναύαρχος Ἀριαμένης ναῦν
ἔχων μεγάλην ὥσπερ ἀπὸ τείχους ἐτόξευε καὶ ἠκόντιζεν,
ἀνὴρ ἀγαθὸς ὢν καὶ τῶν βασιλέως ἀδελφῶν πολὺ κρά-
14.4 τιστος καὶ δικαιότατος. τοῦτον μὲν οὖν Ἀμεινίας ὁ Δε-
κελεὺς καὶ Σωκλῆς ὁ Παλληνεὺς ὁμοῦ πλέοντες, ὡς αἱ
νῆες ἀντίπρῳροι προσπεσοῦσαι καὶ συνερείσασαι τοῖς
χαλκώμασιν ἐνεσχέθησαν, ἐπιβαίνοντα τῆς αὐτῶν τριή-
ρους ὑποστάντες καὶ τοῖς δόρασι τύπτοντες εἰς τὴν θά-
λασσαν ἐξέβαλον, καὶ τὸ σῶμα μετὰ τῶν ἄλλων διαφε-
ρόμενον ναυαγίων Ἀρτεμισία γνωρίσασα πρὸς Ξέρξην
ἀνήνεγκεν.
15.1 Ἐν δὲ τούτῳ τοῦ ἀγῶνος ὄντος φῶς μὲν ἐκλάμψαι
μέγα λέγουσιν Ἐλευσινόθεν, ἦχον δὲ καὶ φωνὴν τὸ Θριά-
σιον κατέχειν πεδίον ἄχρι θαλάττης, ὡς ἀνθρώπων ὁμοῦ
πολλῶν τὸν μυστικὸν ἐξαγόντων Ἴακχον. ἐκ δὲ τοῦ
πλήθους τῶν φθεγγομένων κατὰ μικρὸν ἀπὸ γῆς ἀνα-
φερόμενον νέφος ἔδοξεν αὖθις ὑπονοστεῖν καὶ κατασκή-
15.2 πτειν εἰς τὰς τριήρεις. ἕτεροι δὲ φάσματα καὶ εἴδωλα
καθορᾶν ἔδοξαν ἐνόπλων ἀνδρῶν ἀπ' Αἰγίνης τὰς χεῖρας
ἀνεχόντων πρὸ τῶν Ἑλληνικῶν τριήρων, οὓς εἴκαζον
Αἰακίδας εἶναι παρακεκλημένους εὐχαῖς πρὸ τῆς μάχης
15.3 ἐπὶ τὴν βοήθειαν. πρῶτος μὲν οὖν λαμβάνει ναῦν Λυκο-
μήδης, ἀνὴρ Ἀθηναῖος τριηραρχῶν, ἧς τὰ παράσημα
15.4 περικόψας ἀνέθηκεν Ἀπόλλωνι Δαφνηφόρῳ Φλυῆσιν. οἱ
δ' ἄλλοι τοῖς βαρβάροις ἐξισούμενοι τὸ πλῆθος ἐν στενῷ
κατὰ μέρος προσφερομένους καὶ περιπίπτοντας ἀλλήλοις
ἐτρέψαντο μέχρι δείλης ἀντισχόντας, ὥσπερ εἴρηκε Σι-
μωνίδης τὴν καλὴν ἐκείνην καὶ περιβόητον
ἀράμενοι νίκην, ἧς οὔθ' Ἕλλησιν οὔτε βαρβάροις ἐνάλιον
ἔργον εἴργασται λαμπρότερον, ἀνδρείᾳ μὲν καὶ προθυμίᾳ
κοινῇ τῶν ναυμαχησάντων, γνώμῃ δὲ καὶ δεινότητι τῇ
Θεμιστοκλέους.
16.1 Μετὰ δὲ τὴν ναυμαχίαν Ξέρξης μὲν ἔτι θυμο-
μαχῶν πρὸς τὴν ἀπότευξιν ἐπεχείρει διὰ χωμάτων ἐπά-

γειν τὸ πεζὸν εἰς Σαλαμῖνα τοῖς Ἕλλησιν, ἐμφράξας τὸν
16.2 διὰ μέσου πόρον· Θεμιστοκλῆς δ' ἀποπειρώμενος Ἀριστείδου λόγῳ γνώμην ἐποιεῖτο λύειν τὸ ζεῦγμα ταῖς ναυσὶν ἐπιπλεύσαντας εἰς Ἑλλήσποντον, ὅπως' ἔφη 'τὴν
16.3 Ἀσίαν ἐν τῇ Εὐρώπῃ λάβωμεν.' δυσχεραίνοντος δὲ τοῦ Ἀριστείδου καὶ λέγοντος ὅτι 'νῦν μὲν τρυφῶντι τῷ βαρβάρῳ πεπολεμήκαμεν· ἐὰν δὲ κατακλείσωμεν εἰς τὴν Ἑλλάδα καὶ καταστήσωμεν εἰς ἀνάγκην ὑπὸ δέους ἄνδρα τηλικούτων δυνάμεων κύριον, οὐκέτι καθήμενος ὑπὸ σκιάδι χρυσῇ θεάσεται τὴν μάχην ἐφ' ἡσυχίας, ἀλλὰ πάντα τολμῶν καὶ πᾶσιν αὐτὸς παρὼν διὰ τὸν κίνδυνον ἐπανορθώσεται τὰ παρειμένα καὶ βουλεύσεται βέλτιον ὑπὲρ
16.4 τῶν ὅλων. οὐ τὴν οὖσαν οὖν' ἔφη "δεῖ γέφυραν ὦ Θεμιστόκλεις ἡμᾶς ἀναιρεῖν, ἀλλ' ἑτέραν εἴπερ οἷόν τε προσκατασκευάσαντας ἐκβαλεῖν διὰ τάχους τὸν ἄνθρωπον ἐκ τῆς Εὐρώπης", "οὐκοῦν" εἶπεν ὁ Θεμιστοκλῆς "εἰ δοκεῖ ταῦτα συμφέρειν, ὥρα σκοπεῖν καὶ μηχανᾶσθαι πάντας ἡμᾶς, ὅπως ἀπαλλαγήσεται τὴν ταχίστην ἐκ τῆς Ἑλλάδος."
16.5 Ἐπεὶ δὲ ταῦτ' ἔδοξεν, ἔπεμπέ τινα τῶν βασιλικῶν εὐνούχων ἐν τοῖς αἰχμαλώτοις ἀνευρὼν Ἀρνάκην ὄνομα, φράζειν βασιλεῖ κελεύσας ὅτι τοῖς μὲν Ἕλλησι δέδοκται τῷ ναυτικῷ κεκρατηκότας ἀναπλεῖν εἰς τὸν Ἑλλήσποντον ἐπὶ τὸ ζεῦγμα καὶ λύειν τὴν γέφυραν, Θεμιστοκλῆς δὲ κηδόμενος βασιλέως παραινεῖ σπεύδειν ἐπὶ τὴν αὐτοῦ καὶ περαιοῦσθαι, μέχρις αὐτὸς ἐμποιεῖ τινας διατριβὰς τοῖς συμμάχοις καὶ μελλήσεις
16.6 πρὸς τὴν δίωξιν. ταῦθ' ὁ βάρβαρος ἀκούσας καὶ γενόμενος περίφοβος, διὰ τάχους ἐποιεῖτο τὴν ἀναχώρησιν, καὶ πεῖραν ἡ Θεμιστοκλέους καὶ Ἀριστείδου φρόνησις ἐν Μαρδονίῳ παρέσχεν, εἴγε πολλοστημορίῳ τῆς Ξέρξου δυνάμεως διαγωνισάμενοι Πλαταιᾶσιν εἰς τὸν περὶ τῶν ὅλων κίνδυνον κατέστησαν.

17.1 Πόλεων μὲν οὖν τὴν Αἰγινητῶν ἀριστεῦσαί φησιν Ἡρόδοτος Θεμιστοκλεῖ δὲ καίπερ ἄκοντες ὑπὸ
17.2 φθόνου τὸ πρωτεῖον ἀπέδοσαν ἅπαντες. ἐπεὶ γὰρ ἀναχωρήσαντες εἰς τὸν Ἰσθμὸν ἀπὸ τοῦ βωμοῦ τὴν ψῆφον ἔφερον οἱ στρατηγοί, πρῶτον μὲν ἕκαστος αὐτὸν ἀπέ-
17.3 φαινεν ἀρετῇ, δεύτερον δὲ μεθ' αὑτὸν Θεμιστοκλέα. Λακεδαιμόνιοι δ' εἰς τὴν Σπάρτην αὐτὸν καταγαγόντες, Εὐρυβιάδῃ μὲν ἀνδρείας, ἐκείνῳ δὲ σοφίας ἀριστεῖον

ἔδοσαν θαλλοῦ στέφανον, καὶ τῶν κατὰ τὴν πόλιν ἁρμάτων τὸ πρωτεῦον ἐδωρήσαντο καὶ τριακοσίους τῶν νέων
17.3 πομποὺς ἄχρι τῶν ὅρων συνεξέπεμψαν. λέγεται δ' Ὀλυμπίων τῶν ἑξῆς ἀγομένων, καὶ παρελθόντος εἰς τὸ στάδιον τοῦ Θεμιστοκλέους, ἀμελήσαντας τῶν ἀγωνιστῶν τοὺς παρόντας ὅλην τὴν ἡμέραν ἐκεῖνον θεᾶσθαι καὶ τοῖς ξένοις ἐπιδεικνύειν ἅμα θαυμάζοντας καὶ κροτοῦντας, ὥστε καὶ αὐτὸν ἡσθέντα πρὸς τοὺς φίλους ὁμολογῆσαι τὸν καρπὸν ἀπέχειν τῶν ὑπὲρ τῆς Ἑλλάδος αὐτῷ πονηθέντων.

18.1 Καὶ γὰρ ἦν τῇ φύσει φιλοτιμότατος, εἰ δεῖ τεκμαίρεσθαι διὰ τῶν ἀπομνημονευομένων. αἱρεθεὶς γὰρ ναύαρχος ὑπὸ τῆς πόλεως, οὐδὲν οὔτε τῶν ἰδίων οὔτε τῶν κοινῶν κατὰ μέρος ἐχρημάτιζεν, ἀλλὰ πᾶν ἀνεβάλλετο τὸ προσπῖπτον εἰς τὴν ἡμέραν ἐκείνην καθ' ἣν ἐκπλεῖν ἔμελλεν, ἵν' ὁμοῦ πολλὰ πράττων πράγματα καὶ παντοδαποῖς ἀνθρώποις ὁμιλῶν μέγας εἶναι δοκῇ καὶ πλεῖστον δύνασθαι.
18.2 Τῶν δὲ νεκρῶν τοὺς ἐκπεσόντας ἐπισκοπῶν παρὰ τὴν θάλατταν, ὡς εἶδε περικειμένους ψέλια χρυσᾶ καὶ στρεπτούς, αὐτὸς μὲν παρῆλθε, τῷ δ' ἑπομένῳ φίλῳ δείξας εἶπεν· "ἀνελοῦ σαυτῷ· σὺ γὰρ οὐκ εἶ Θεμιστοκλῆς."
18.3 Πρὸς δέ τινα τῶν καλῶν γεγονότων Ἀντιφάτην, ὑπερηφάνως αὐτῷ κεχρημένον πρότερον, ὕστερον δὲ θεραπεύοντα διὰ τὴν δόξαν "ὦ μειράκιον" εἶπεν, "ὀψὲ μέν, ἀμφότεροι δ' ὁμοῦ νοῦν ἐσχήκαμεν."
18.4 Ἔλεγε δὲ τοὺς Ἀθηναίους οὐ τιμᾶν αὐτὸν οὐδὲ θαυμάζειν, ἀλλ' ὥσπερ πλατάνῳ χειμαζομένους μὲν ὑποτρέχειν, εὐδίας δὲ περὶ αὐτοὺς γενομένης τίλλειν καὶ κολούειν.
18.5 Τοῦ δὲ Σεριφίου πρὸς αὐτὸν εἰπόντος ὡς οὐ δι' αὐτὸν ἔσχηκε δόξαν, ἀλλὰ διὰ τὴν πόλιν, 'ἀληθῆ λέγεις' εἶπεν· "ἀλλ' οὔτ' ἂν ἐγὼ Σερίφιος ὢν ἐγενόμην ἔνδοξος, οὔτε σὺ Ἀθηναῖος."
18.6 Ἑτέρου δέ τινος τῶν στρατηγῶν, ὡς ἔδοξέ τι χρήσιμον διαπεπρᾶχθαι τῇ πόλει, θρασυνομένου πρὸς τὸν Θεμιστοκλέα καὶ τὰς ἑαυτοῦ ταῖς ἐκείνου πράξεσιν ἀντιπαραβάλλοντος, ἔφη τῇ ἑορτῇ τὴν ὑστεραίαν ἐρίσαι, λέγουσαν ὡς ἐκείνη μὲν ἀσχολιῶν τε μεστὴ καὶ κοπώδης ἐστίν, ἐν αὑτῇ δὲ πάντες ἀπολαύουσι τῶν παρεσκευασμένων σχολάζοντες· τὴν δ' ἑορτὴν πρὸς ταῦτ' εἰπεῖν· "ἀληθῆ

λέγεις· ἀλλ' ἐμοῦ μὴ γενομένης σὺ οὐκ ἂν ἦσθα·" "κἀμοῦ
τοίνυν" ἔφη "τότε μὴ γενομένου, ποῦ ἂν ἦτε νῦν ὑμεῖς;"
18.7 Τὸν δ' υἱὸν ἐντρυφῶντα τῇ μητρὶ καὶ δι' ἐκείνην
ἑαυτῷ σκώπτων ἔλεγε πλεῖστον τῶν Ἑλλήνων δύνασθαι·
τοῖς μὲν γὰρ Ἕλλησιν ἐπιτάσσειν Ἀθηναίους, Ἀθηναίοις
δ' ἑαυτόν, αὐτῷ δὲ τὴν ἐκείνου μητέρα, τῇ μητρὶ δ' ἐκεῖ-
νον.
18.8 Ἴδιος δέ τις ἐν πᾶσι βουλόμενος εἶναι, χωρίον μὲν
πιπράσκων ἐκέλευε κηρύττειν ὅτι καὶ γείτονα χρηστὸν
18.9 ἔχει· τῶν δὲ μνωμένων αὐτοῦ τὴν θυγατέρα τὸν ἐπιεικῆ
τοῦ πλουσίου προκρίνας, ἔφη ζητεῖν ἄνδρα χρημάτων
δεόμενον μᾶλλον ἢ χρήματα ἀνδρός. ἐν μὲν οὖν τοῖς
ἀποφθέγμασι τοιοῦτός τις ἦν.

19.1 Γενόμενος δ' ἀπὸ τῶν πράξεων ἐκείνων, εὐθὺς
ἐπεχείρει τὴν πόλιν ἀνοικοδομεῖν καὶ τειχίζειν, ὡς μὲν
ἱστορεῖ Θεόπομπος χρήμασι πείσας μὴ
ἐναντιωθῆναι τοὺς ἐφόρους, ὡς δ' οἱ πλεῖστοι, παρακρου-
19.2 σάμενος. ἧκε μὲν γὰρ εἰς Σπάρτην ὄνομα πρεσβείας
ἐπιγραψάμενος· ἐγκαλούντων δὲ τῶν Σπαρτιατῶν ὅτι τει-
χίζουσι τὸ ἄστυ, καὶ Πολυάρχου κατηγοροῦντος ἐπίτη-
δες ἐξ Αἰγίνης ἀποσταλέντος, ἠρνεῖτο καὶ πέμπειν ἐκέ-
λευεν εἰς Ἀθήνας τοὺς κατοψομένους, ἅμα μὲν ἐμβάλλων
τῷ τειχισμῷ χρόνον ἐκ τῆς διατριβῆς, ἅμα δὲ βουλό-
μενος ἀνθ' αὑτοῦ τοὺς πεμπομένους ὑπάρχειν τοῖς Ἀθη-
19.3 ναίοις. ὃ καὶ συνέβη· γνόντες γὰρ οἱ Λακεδαιμόνιοι τὸ
ἀληθὲς οὐκ ἠδίκησαν αὐτόν, ἀλλ' ἀδήλως χαλεπαίνοντες
ἀπέπεμψαν. ἐκ δὲ τούτου τὸν Πειραιᾶ κατεσκεύαζε, τὴν
τῶν λιμένων εὐφυΐαν κατανοήσας καὶ τὴν πόλιν ὅλην
ἁρμοττόμενος πρὸς τὴν θάλατταν, καὶ τρόπον τινὰ τοῖς
παλαιοῖς βασιλεῦσι τῶν Ἀθηναίων ἀντιπολιτευόμενος.
19.4 ἐκεῖνοι μὲν γὰρ ὡς λέγεται πραγματευόμενοι τοὺς πολί-
τας ἀποσπάσαι τῆς θαλάττης, καὶ συνεθίσαι ζῆν μὴ
πλέοντας, ἀλλὰ τὴν χώραν φυτεύοντας, τὸν περὶ τῆς
Ἀθηνᾶς διέδοσαν λόγον, ὡς ἐρίσαντα περὶ τῆς χώρας
Ποσειδῶνα δείξασα τὴν μορίαν τοῖς δικασταῖς ἐνίκησεν.
Θεμιστοκλῆς δ' οὐχ, ὥσπερ Ἀριστοφάνης ὁ κωμικός
φησι, τῇ πόλει 'τὸν Πειραιᾶ προσέμαξεν',
ἀλλὰ τὴν πόλιν ἐξῆψε τοῦ Πειραιῶς καὶ τὴν γῆν τῆς
19.5 θαλάττης· ᾧ καὶ τὸν δῆμον ηὔξησε κατὰ τῶν ἀρίστων
καὶ θράσους ἐνέπλησεν, εἰς ναύτας καὶ κελευστὰς καὶ
19.6 κυβερνήτας τῆς δυνάμεως ἀφικομένης. διὸ καὶ τὸ βῆμα

τὸ ἐν Πυκνὶ πεποιημένον ὥστ' ἀποβλέπειν πρὸς τὴν
θάλατταν ὕστερον οἱ τριάκοντα πρὸς τὴν χώραν ἀπέ-
στρεψαν, οἰόμενοι τὴν μὲν κατὰ θάλατταν ἀρχὴν γένεσιν
εἶναι δημοκρατίας, ὀλιγαρχίᾳ δ' ἧττον δυσχεραίνειν τοὺς
γεωργοῦντας.

20.1 Θεμιστοκλῆς δὲ καὶ μεῖζόν τι περὶ τῆς ναυτικῆς
διενοήθη δυνάμεως. ἐπεὶ γὰρ ὁ τῶν Ἑλλήνων στόλος
ἀπηλλαγμένου Ξέρξου κατῆρεν εἰς Παγασὰς καὶ διεχεί-
μαζε, δημηγορῶν ἐν τοῖς Ἀθηναίοις ἔφη τινα πρᾶξιν
ἔχειν ὠφέλιμον μὲν αὐτοῖς καὶ σωτήριον, ἀπόρρητον δὲ
20.2 πρὸς τοὺς πολλούς. τῶν δ' Ἀθηναίων Ἀριστείδῃ φράσαι
μόνῳ κελευόντων, κἂν ἐκεῖνος δοκιμάσῃ, περαίνειν, ὁ
μὲν Θεμιστοκλῆς ἔφρασε τῷ Ἀριστείδῃ τὸ νεώριον ἐμ-
πρῆσαι διανοεῖσθαι τῶν Ἑλλήνων· ὁ δ' Ἀριστείδης εἰς
τὸν δῆμον προελθὼν ἔφη τῆς πράξεως ἣν διανοεῖται
πράττειν ὁ Θεμιστοκλῆς μηδεμίαν εἶναι μήτε λυσιτελε-
στέραν μήτ' ἀδικωτέραν. οἱ μὲν οὖν Ἀθηναῖοι διὰ ταῦτα
παύσασθαι τῷ Θεμιστοκλεῖ προσέταξαν.
20.3 Ἐν δὲ τοῖς Ἀμφικτυονικοῖς συνεδρίοις τῶν Λακεδαι-
μονίων εἰσηγουμένων ὅπως ἀπείργωνται τῆς Ἀμφικτυο-
νίας αἱ μὴ συμμαχήσασαι κατὰ τοῦ Μήδου πόλεις, φο-
βηθεὶς μὴ Θετταλοὺς καὶ Ἀργείους, ἔτι δὲ Θηβαίους
ἐκβαλόντες τοῦ συνεδρίου παντελῶς ἐπικρατήσωσι τῶν
ψήφων καὶ γένηται τὸ δοκοῦν ἐκείνοις, συνεῖπε ταῖς
πόλεσι καὶ μετέθηκε τὰς γνώμας τῶν πυλαγόρων, δι-
δάξας ὡς τριάκοντα καὶ μία μόναι πόλεις εἰσὶν αἱ τοῦ
πολέμου μετασχοῦσαι, καὶ τούτων αἱ πλείους παντά-
20.4 πασι μικραί· δεινὸν οὖν εἰ τῆς ἄλλης Ἑλλάδος ἐκσπόνδου
γενομένης ἐπὶ ταῖς μεγίσταις δυσὶν ἢ τρισὶ πόλεσιν
ἔσται τὸ συνέδριον. ἐκ τούτου μὲν οὖν μάλιστα τοῖς Λα-
κεδαιμονίοις προσέκρουσε· διὸ καὶ τὸν Κίμωνα προῆγον
ταῖς τιμαῖς, ἀντίπαλον ἐν τῇ πολιτείᾳ τῷ Θεμιστοκλεῖ
καθιστάντες.

21.1 Ἦν δὲ καὶ τοῖς συμμάχοις ἐπαχθὴς περιπλέων
τε τὰς νήσους καὶ χρηματιζόμενος ἀπ' αὐτῶν· οἷα καὶ
πρὸς Ἀνδρίους ἀργύριον αἰτοῦντά φησιν αὐτὸν Ἡρό-
21.2 δοτος εἰπεῖν τε καὶ ἀκοῦσαι. δύο γὰρ ἥκειν ἔφη
θεοὺς κομίζων, Πειθὼ καὶ Βίαν· οἱ δ' ἔφασαν εἶναι καὶ
παρ' αὐτοῖς θεοὺς μεγάλους δύο, Πενίαν καὶ Ἀπορίαν,
21.3 ὑφ' ὧν κωλύεσθαι δοῦναι χρήματα ἐκείνῳ. Τιμοκρέων

δ' ὁ 'Ρόδιος μελοποιὸς ἐν ᾄσματι καθάπτεται πικρότερον τοῦ Θεμιστοκλέους, ὡς ἄλλους μὲν ἐπὶ χρήμασι φυγάδας διαπραξαμένου κατελθεῖν, αὐτὸν δὲ ξένον ὄντα καὶ φί-
21.4 λον προεμένου δι' ἀργύριον. λέγει δ' οὕτως ·

ἀλλ' εἰ τύ γε Παυσανίαν ἢ καὶ τύ γα Ξάνθιππον αἰνεῖς
ἢ τύ γα Λευτυχίδαν, ἐγὼ δ' 'Αριστείδαν ἐπαινέω
ἄνδρ' ἱερᾶν ἀπ' 'Αθανᾶν
ἐλθεῖν ἕνα λῷστον· ἐπεὶ Θεμιστοκλέα γ' ἤχθαρε Λατώ,
ψεύσταν, ἄδικον, προδόταν, ὃς Τιμοκρέοντα ξεῖνον
   ἐόντα
ἀργυρίοισι κυβαλικοῖσι πεισθεὶς οὐ κατᾶγεν
εἰς πατρίδα Ἰάλυσον,
λαβὼν δὲ τρί' ἀργυρίου τάλαντ' ἔβα πλέων εἰς
   ὄλεθρον,
τοὺς μὲν κατάγων ἀδίκως, τοὺς δ' ἐκδιώκων, τοὺς δὲ
   καίνων.
ἀργυρίου δ' ὑπόπλεως, Ἰσθμοῖ γελοίως πανδόκευε
   ψυχρὰ κρέα παρέχων·
οἱ δ' ἤσθιον κηὔχοντο μὴ ὤραν Θεμιστοκλέος
   γενέσθαι.

21.5 πολὺ δ' ἀσελγεστέρᾳ καὶ ἀναπεπταμένῃ μᾶλλον εἰς τὸν Θεμιστοκλέα βλασφημίᾳ κέχρηται μετὰ τὴνφυγὴν αὐτοῦ καὶ τὴν καταδίκην ὁ Τιμοκρέων, ᾆσμα ποιήσας οὗ ἐστιν ἀρχή ·

21.6   Μοῦσα τοῦδε τοῦ μέλεος
       κλέος ἀν' Ἕλλανας τίθει,
       ὡς ἐοικὸς καὶ δίκαιον.

21.7 λέγεται δ' ὁ Τιμοκρέων ἐπὶ μηδισμῷ φυγεῖν συγκαταψηφισαμένου τοῦ Θεμιστοκλέους. ὡς οὖν ὁ Θεμιστοκλῆς αἰτίαν ἔσχε μηδίζειν, ταῦτ' ἐποίησεν εἰς αὐτόν ·

       οὐκ ἄρα Τιμοκρέων μόνος
       Μήδοισιν ὀρκιατομεῖ,
       ἀλλ' ἐντὶ κἄλλοι δὴ πονηροί·
       οὐκ ἐγὼ μόνα κόλουρις·
       ἐντὶ κἄλλαι ἀλώπεκες.

22.1   Ἤδη δὲ καὶ τῶν πολιτῶν διὰ τὸ φθονεῖν ἡδέως

τὰς διαβολὰς προσιεμένων, ἠναγκάζετο λυπηρὸς εἶναι τῶν αὐτοῦ πράξεων πολλάκις ἐν τῷ δήμῳ μνημονεύων, καὶ πρὸς τοὺς δυσχεραίνοντας 'τί κοπιᾶτε' εἶπεν 'ὑπὸ
22.2 τῶν αὐτῶν πολλάκις εὖ πάσχοντες;' ἠνίασε δὲ τοὺς πολλοὺς καὶ τὸ τῆς Ἀρτέμιδος ἱερὸν εἰσάμενος, ἣν Ἀριστοβούλην μὲν προσηγόρευσεν ὡς ἄριστα τῇ πόλει καὶ τοῖς Ἕλλησι βουλευσάμενος, πλησίον δὲ τῆς οἰκίας κατεσκεύασεν ἐν Μελίτῃ τὸ ἱερόν, οὗ νῦν τὰ σώματα τῶν θανατουμένων οἱ δήμιοι προβάλλουσι καὶ τὰ ἱμάτια καὶ τοὺς βρόχους τῶν ἀπαγχομένων καὶ καθαιρεθέντων ἐκ-
22.3 φέρουσιν. ἔκειτο δὲ καὶ τοῦ Θεμιστοκλέους εἰκόνιον ἐν τῷ ναῷ τῆς Ἀριστοβούλης ἔτι καθ' ἡμᾶς, καὶ φαίνεταί τις οὐ τὴν ψυχὴν μόνον, ἀλλὰ καὶ τὴν ὄψιν ἡρωικὸς γενόμενος.
22.4 Τὸν μὲν οὖν ἐξοστρακισμὸν ἐποιήσαντο κατ' αὐτοῦ, κολούοντες τὸ ἀξίωμα καὶ τὴν ὑπεροχήν, ὥσπερ εἰώθεσαν ἐπὶ πάντων οὓς ᾤοντο τῇ δυνάμει βαρεῖς καὶ πρὸς
22.5 ἰσότητα δημοκρατικὴν ἀσυμμέτρους εἶναι. κόλασις γὰρ οὐκ ἦν ὁ ἐξοστρακισμός, ἀλλὰ παραμυθία φθόνου καὶ κουφισμός, ἡδομένου τῷ ταπεινοῦν τοὺς ὑπερέχοντας καὶ τὴν δυσμένειαν εἰς ταύτην τὴν ἀτιμίαν ἀποπνέοντος.

23.1 Ἐκπεσόντος δὲ τῆς πόλεως αὐτοῦ καὶ διατρίβοντος ἐν Ἄργει, τὰ περὶ Παυσανίαν συμπεσόντα κατ' ἐκείνου παρέσχε τοῖς ἐχθροῖς ἀφορμάς. ὁ δὲ γραψάμενος αὐτὸν προδοσίας Λεωβώτης ἦν ὁ Ἀλκμαίωνος Ἀγραυλῆθεν
23.2 ἅμα συνεπαιτιωμένων τῶν Σπαρτιατῶν. ὁ γὰρ Παυσανίας πράττων ἐκεῖνα δὴ τὰ περὶ τὴν προδοσίαν, πρότερον μὲν ἀπεκρύπτετο τὸν Θεμιστοκλέα καίπερ ὄντα φίλον· ὡς δ' εἶδεν ἐκπεπτωκότα τῆς πολιτείας καὶ φέροντα χαλεπῶς, ἐθάρρησεν ἐπὶ τὴν κοινωνίαν τῶν πρασσομένων παρακαλεῖν, γράμματα τοῦ βασιλέως ἐπιδεικνύμενος αὐτῷ καὶ παροξύνων ἐπὶ τοὺς Ἕλληνας ὡς πο-
23.3 νηροὺς καὶ ἀχαρίστους. ὁ δὲ τὴν μὲν δέησιν ἀπετρίψατο τοῦ Παυσανίου καὶ τὴν κοινωνίαν ὅλως ἀπείπατο, πρὸς οὐδένα δὲ τοὺς λόγους ἐξήνεγκεν οὐδὲ κατεμήνυσε τὴν πρᾶξιν, εἴτε παύσεσθαι προσδοκῶν αὐτόν, εἴτ' ἄλλως καταφανῆ γενήσεσθαι σὺν οὐδενὶ λογισμῷ πραγμάτων
23.4 ἀτόπων καὶ παραβόλων ὀρεγόμενον. οὕτω δὲ τοῦ Παυσανίου θανατωθέντος, ἐπιστολαί τινες ἀνευρεθεῖσαι καὶ γράμματα περὶ τούτων εἰς ὑποψίαν ἐνέβαλον τὸν Θεμιστοκλέα, καὶ κατεβόων μὲν αὐτοῦ Λακεδαιμόνιοι, κατη-

γόρουν δ' οἱ φθονοῦντες τῶν πολιτῶν, οὐ παρόντος,
ἀλλὰ διὰ γραμμάτων ἀπολογουμένου μάλιστα ταῖς προ-
23.5 τέραις κατηγορίαις· διαβαλλόμενος γὰρ ὑπὸ τῶν ἐχθρῶν
πρὸς τοὺς πολίτας ὡς ἄρχειν μὲν αἰεὶ ζητῶν, ἄρχε-
σθαι δὲ μὴ πεφυκὼς μηδὲ βουλόμενος, οὐκ ἄν ποτε
βαρβάροις αὐτὸν οὐδὲ πολεμίοις ἀποδόσθαι μετὰ τῆς
23.6 Ἑλλάδος. οὐ μὴν ἀλλὰ συμπεισθεὶς ὑπὸ τῶν κατηγο-
ρούντων ὁ δῆμος ἔπεμψεν ἄνδρας οἷς εἴρητο συλλαμβά-
νειν καὶ ἀνάγειν αὐτὸν κριθησόμενον ἐν τοῖς Ἕλλησιν.

24.1 Προαισθόμενος δ' ἐκεῖνος εἰς Κέρκυραν διεπέρα-
σεν, οὔσης αὐτῷ πρὸς τὴν πόλιν εὐεργεσίας. γενόμενος
γὰρ αὐτῶν κριτὴς πρὸς Κορινθίους ἐχόντων διαφοράν,
ἔλυσε τὴν ἔχθραν εἴκοσι τάλαντα κρίνας τοὺς Κοριν-
θίους καταβαλεῖν καὶ Λευκάδα κοινῇ νέμειν ἀμφοτέρων
24.2 ἄποικον. ἐκεῖθεν δ' εἰς Ἤπειρον ἔφυγε, καὶ διωκόμενος
ὑπὸ τῶν Ἀθηναίων καὶ τῶν Λακεδαιμονίων, ἔρριψεν
ἑαυτὸν εἰς ἐλπίδας χαλεπὰς καὶ ἀπόρους, καταφυγὼν
πρὸς Ἄδμητον, ὃς βασιλεὺς μὲν ἦν Μολοσσῶν, δεηθεὶς
δέ τι τῶν Ἀθηναίων καὶ προπηλακισθεὶς ὑπὸ τοῦ Θεμι-
στοκλέους, ὅτ' ἤκμαζεν ἐν τῇ πολιτείᾳ, δι' ὀργῆς εἶχεν
24.3 αὐτὸν αἰεί, καὶ δῆλος ἦν εἰ λάβοι τιμωρησόμενος. ἐν δὲ
τῇ τότε τύχῃ μᾶλλον ὁ Θεμιστοκλῆς φοβηθεὶς συγγενῆ
καὶ πρόσφατον φθόνον ὀργῆς παλαιᾶς καὶ βασιλικῆς,
ταύτῃ φέρων ὑπέθηκεν ἑαυτόν, ἱκέτης τοῦ Ἀδμήτου
24.4 καταστὰς ἴδιόν τινα καὶ παρηλλαγμένον τρόπον. ἔχων
γὰρ αὐτοῦ τὸν υἱὸν ὄντα παῖδα πρὸς τὴν ἑστίαν προσ-
έπεσε, ταύτην μεγίστην καὶ μόνην σχεδὸν ἀναντίρρητον
24.5 ἡγουμένων ἱκεσίαν τῶν Μολοσσῶν. ἔνιοι μὲν οὖν Φθίαν
τὴν γυναῖκα τοῦ βασιλέως λέγουσιν ὑποθέσθαι τῷ Θε-
μιστοκλεῖ τὸ ἱκέτευμα τοῦτο καὶ τὸν υἱὸν ἐπὶ τὴν ἑστίαν
καθίσαι μετ' αὐτοῦ· τινὲς δ' αὐτὸν τὸν Ἄδμητον, ὡς
ἀφοσιώσαιτο πρὸς τοὺς διώκοντας τὴν ἀνάγκην δι' ἣν
οὐκ ἐκδίδωσι τὸν ἄνδρα, διαθεῖναι καὶ συντραγῳδῆσαι
24.6 τὴν ἱκεσίαν. ἐκεῖ δ' αὐτῷ τὴν γυναῖκα καὶ τοὺς παῖδας
ἐκκλέψας ἐκ τῶν Ἀθηνῶν Ἐπικράτης ὁ Ἀχαρνεὺς ἀπέ-
στειλεν· ὃν ἐπὶ τούτῳ Κίμων ὕστερον κρίνας ἐθανάτωσεν,
24.7 ὡς ἱστορεῖ Στησίμβροτος. εἶτ' οὐκ
οἶδ' ὅπως ἐπιλαθόμενος τούτων, ἢ τὸν Θεμιστοκλέα
ποιῶν ἐπιλαθόμενον, πλεῦσαί φησιν εἰς Σικελίαν καὶ
παρ' Ἱέρωνος αἰτεῖν τοῦ τυράννου τὴν θυγατέρα πρὸς
γάμον, ὑπισχνούμενον αὐτῷ τοὺς Ἕλληνας ὑπηκόους

ποιήσειν· ἀποτριψαμένου δὲ τοῦ Ἱέρωνος, οὕτως εἰς
τὴν Ἀσίαν ἀπᾶραι.

25.1 Ταῦτα δ' οὐκ εἰκός ἐστιν οὕτω γενέσθαι. Θεό-
φραστος γὰρ ἐν τοῖς Περὶ βασιλείας ἱστορεῖ
τὸν Θεμιστοκλέα, πέμψαντος εἰς Ὀλυμπίαν Ἱέρωνος ἵπ-
πους ἀγωνιστὰς καὶ σκηνήν τινα κατεσκευασμένην πολυ-
τελῶς στήσαντος, εἰπεῖν ἐν τοῖς Ἕλλησι λόγον, ὡς χρὴ
τὴν σκηνὴν διαρπάσαι τοῦ τυράννου καὶ κωλῦσαι τοὺς
25.2 ἵππους ἀγωνίσασθαι. Θουκυδίδης δ' ἐκπλεῦ-
σαί φησιν αὐτὸν ἐπὶ τὴν ἑτέραν καταβάντα θάλατταν
ἀπὸ Πύδνης, οὐδενὸς εἰδότος ὅστις εἴη τῶν πλεόντων,
μέχρι οὗ πνεύματι τῆς ὁλκάδος εἰς Θάσον καταφερομέ-
νης ὑπ' Ἀθηναίων πολιορκουμένην τότε, φοβηθεὶς ἀνα-
δείξειεν ἑαυτὸν τῷ τε ναυκλήρῳ καὶ τῷ κυβερνήτῃ, καὶ
τὰ μὲν δεόμενος, τὰ δ' ἀπειλῶν καὶ λέγων ὅτι κατηγο-
ρήσοι καὶ καταψεύσοιτο πρὸς τοὺς Ἀθηναίους, ὡς οὐκ
ἀγνοοῦντες, ἀλλὰ χρήμασι πεισθέντες ἐξ ἀρχῆς ἀναλά-
βοιεν αὐτόν, οὕτως ἀναγκάσειε παραπλεῦσαι καὶ λαβέ-
25.3 σθαι τῆς Ἀσίας. τῶν δὲ χρημάτων αὐτῷ πολλὰ μὲν
ὑπεκκλαπέντα διὰ τῶν φίλων εἰς Ἀσίαν ἔπλει, τῶν δὲ
φανερῶν γενομένων καὶ συναχθέντων εἰς τὸ δημόσιον
Θεόπομπος μὲν ἑκατὸν τάλαντα, Θεό-
φραστος δ' ὀγδοήκοντά φησι γενέσθαι τὸ πλῆθος, οὐδὲ
τριῶν ἄξια ταλάντων κεκτημένου τοῦ Θεμιστοκλέους
πρὶν ἅπτεσθαι τῆς πολιτείας.

26.1 Ἐπεὶ δὲ κατέπλευσεν εἰς Κύμην καὶ πολλοὺς
ᾔσθετο τῶν ἐπὶ θαλάττῃ παραφυλάττοντας αὐτὸν λαβεῖν,
μάλιστα δὲ τοὺς περὶ Ἐργοτέλη καὶ Πυθόδωρον ἦν
γὰρ ἡ θήρα λυσιτελὴς τοῖς γε τὸ κερδαίνειν ἀπὸ παντὸς
ἀγαπῶσι, διακοσίων ἐπικεκηρυγμένων αὐτῷ ταλάντων
ὑπὸ τοῦ βασιλέως ἔφυγεν εἰς Αἰγάς, Αἰολικὸν πολι-
σμάτιον, ὑπὸ πάντων ἀγνοούμενος πλὴν τοῦ ξένου Νικο-
γένους, ὃς Αἰολέων πλείστην οὐσίαν ἐκέκτητο καὶ τοῖς
26.2 ἄνω δυνατοῖς γνώριμος ὑπῆρχε. παρὰ τούτῳ κρυπτόμε-
νος ἡμέρας ὀλίγας διέτριψεν· εἶτα μετὰ τὸ δεῖπνον ἐκ
θυσίας τινὸς Ὄλβιος ὁ τῶν τέκνων τοῦ Νικογένους παι-
δαγωγὸς ἔκφρων γενόμενος καὶ θεοφόρητος ἀνεφώνησεν
ἐν μέτρῳ ταυτί·
26.3 Νυκτὶ φωνήν, νυκτὶ βουλήν, νυκτὶ τὴν νίκην δίδου,
καὶ μετὰ ταῦτα κατακοιμηθεὶς ὁ Θεμιστοκλῆς ὄναρ ἔδο-

ξεν ἰδεῖν δράκοντα κατὰ τῆς γαστρὸς αὐτοῦ περιελιττόμενον καὶ προσανέρποντα τῷ τραχήλῳ· γενόμενον δ' ἀετόν, ὡς ἥψατο τοῦ προσώπου, περιβαλόντα τὰς πτέρυγας ἐξᾶραι καὶ κομίζειν πολλὴν ὁδόν, εἶτα χρυσοῦ τινος κηρυκείου φανέντος, ἐπὶ τούτῳ στῆσαι βεβαίως αὐτόν, ἀμηχάνου δείματος καὶ ταραχῆς ἀπαλλαγέντα.
26.4 Πέμπεται δ' οὖν ὑπὸ τοῦ Νικογένους μηχανησαμένου τι τοιόνδε. τοῦ βαρβαρικοῦ γένους τὸ πολὺ καὶ μάλιστα τὸ Περσικὸν εἰς ζηλοτυπίαν τὴν περὶ τὰς γυναῖκας
26.5 ἄγριον φύσει καὶ χαλεπόν ἐστιν. οὐ γὰρ μόνον τὰς γαμετάς, ἀλλὰ καὶ τὰς ἀργυρωνήτους καὶ παλλακευομένας ἰσχυρῶς παραφυλάττουσιν, ὡς ὑπὸ μηδενὸς ὁρᾶσθαι τῶν ἐκτός, ἀλλ' οἴκοι μὲν διαιτᾶσθαι κατακεκλειμένας, ἐν δὲ ταῖς ὁδοιπορίαις ὑπὸ σκηναῖς κύκλῳ περιπεφραγμένας
26.6 ἐπὶ τῶν ἁρμαμαξῶν ὀχεῖσθαι. τοιαύτης τῷ Θεμιστοκλεῖ κατασκευασθείσης ἀπήνης, καταδὺς ἐκομίζετο, τῶν περὶ αὐτὸν ἀεὶ τοῖς ἐντυγχάνουσι καὶ πυνθανομένοις λεγόντων, ὅτι γύναιον Ἑλληνικὸν ἄγουσιν ἀπ' Ἰωνίας πρός τινα τῶν ἐπὶ θύραις βασιλέως.

27.1 Θουκυδίδης μὲν οὖν καὶ Χάρων ὁ
Λαμψακηνὸς ἱστοροῦσι τεθνηκότος Ξέρξου πρὸς τὸν υἱὸν
αὐτοῦ τῷ Θεμιστοκλεῖ γενέσθαι
τὴν ἔντευξιν· Ἔφορος δὲ καὶ Δείνων
καὶ Κλείταρχος καὶ
Ἡρακλείδης, ἔτι δ' ἄλλοι πλείονες πρὸς
27.2 αὐτὸν ἀφικέσθαι τὸν Ξέρξην. τοῖς δὲ χρονικοῖς δοκεῖ μᾶλλον ὁ Θουκυδίδης συμφέρεσθαι, καίπερ οὐδ' αὐτοῖς ἀτρέμα συντεταγμένοις. ὁ δ' οὖν Θεμιστοκλῆς γενόμενος παρ' αὐτὸ τὸ δεινόν, ἐντυγχάνει πρῶτον Ἀρταβάνῳ τῷ χιλιάρχῳ, λέγων Ἕλλην μὲν εἶναι, βούλεσθαι δ' ἐντυχεῖν βασιλεῖ περὶ πραγμάτων μεγάλων καὶ πρὸς ἃ
27.3 τυγχάνοι μάλιστα σπουδάζων ἐκεῖνος. ὁ δέ φησιν· 'ὦ ξένε, νόμοι διαφέρουσιν ἀνθρώπων· ἄλλα δ' ἄλλοις καλά·
27.4 καλὸν δὲ πᾶσι τὰ οἰκεῖα κοσμεῖν καὶ σῴζειν. ὑμᾶς μὲν οὖν ἐλευθερίαν μάλιστα θαυμάζειν καὶ ἰσότητα λόγος· ἡμῖν δὲ πολλῶν νόμων καὶ καλῶν ὄντων κάλλιστος οὑτός ἐστι, τιμᾶν βασιλέα καὶ προσκυνεῖν ὡς εἰκόνα θεοῦ τοῦ
27.5 τὰ πάντα σῴζοντος. εἰ μὲν οὖν ἐπαινῶν τὰ ἡμέτερα προσκυνήσεις, ἔστι σοι καὶ θεάσασθαι βασιλέα καὶ προσειπεῖν· εἰ δ' ἄλλο τι φρονεῖς, ἀγγέλοις ἑτέροις χρήσῃ πρὸς αὐτόν. βασιλεῖ γὰρ οὐ πάτριον ἀνδρὸς ἀκροᾶσθαι

27.6 μὴ προσκυνήσαντος. ταῦθ' ὁ Θεμιστοκλῆς ἀκούσας, λέγει πρὸς αὐτόν· "ἀλλ' ἐγὼ τὴν βασιλέως ὦ 'Αρτάβανε φήμην καὶ δύναμιν αὐξήσων ἀφῖγμαι, καὶ αὐτός τε πείσομαι τοῖς ὑμετέροις νόμοις, ἐπεὶ θεῷ τῷ μεγαλύνοντι Πέρσας οὕτω δοκεῖ, καὶ δι' ἐμὲ πλείονες τῶν νῦν βασι-
27.7 λέα προσκυνήσουσιν. ὥστε τοῦτο μηδὲν ἐμποδὼν ἔστω τοῖς λόγοις οὓς βούλομαι πρὸς ἐκεῖνον εἰπεῖν." "τίνα δέ" εἶπεν ὁ 'Αρτάβανος "'Ελλήνων ἀφῖχθαι φῶμεν; οὐ γὰρ ἰδιώτῃ τὴν γνώμην ἔοικας." καὶ ὁ Θεμιστοκλῆς· "τοῦτ'" οὐκ ἄν' ἔφη "πύθοιτό τις 'Αρτάβανε πρότερος βασιλέως." οὕτω μὲν ὁ Φανίας φησίν· ὁ δ' 'Ερατοσθένης ἐν τοῖς Περὶ πλούτου προσιστόρησε, διὰ γυναικὸς 'Ερετρικῆς ἣν ὁ χιλίαρχος εἶχε τῷ Θεμιστοκλεῖ τὴν πρὸς αὐτὸν ἔντευξιν γενέσθαι καὶ σύστασιν.

28.1 'Επεὶ δ' οὖν εἰσήχθη πρὸς βασιλέα καὶ προσκυνήσας ἔστη σιωπῇ, προστάξαντος τῷ ἑρμηνεῖ τοῦ βασιλέως ἐρωτῆσαι τίς ἐστι, καὶ τοῦ ἑρμηνέως ἐρωτήσαντος
28.2 εἶπεν· "ἥκω σοι βασιλεῦ Θεμιστοκλῆς ὁ 'Αθηναῖος ἐγὼ φυγάς, ὑφ' 'Ελλήνων διωχθείς, ᾧ πολλὰ μὲν ὀφείλουσι Πέρσαι κακά, πλείω δ' ἀγαθὰ κωλύσαντι τὴν δίωξιν, ὅτε τῆς 'Ελλάδος ἐν ἀσφαλεῖ γεγενημένης παρέσχε τὰ
28.3 οἰκεῖα σῳζόμενα χαρίσασθαί τι καὶ ὑμῖν. ἐμοὶ μὲν οὖν πάντα πρέποντα ταῖς παρούσαις συμφοραῖς ἐστι, καὶ παρεσκευασμένος ἀφῖγμαι δέξασθαί τε χάριν εὐμενῶς διαλλαττομένου καὶ παραιτεῖσθαι μνησικακοῦντος ὀργήν·
28.4 σὺ δὲ τοὺς ἐμοὺς ἐχθροὺς μάρτυρας θέμενος ὧν εὐεργέτησα Πέρσας, νῦν ἀπόχρησαι ταῖς ἐμαῖς τύχαις πρὸς ἐπίδειξιν ἀρετῆς μᾶλλον ἢ πρὸς ἀποπλήρωσιν ὀργῆς. σώσεις μὲν γὰρ ἱκέτην σόν, ἀπολεῖς δ' 'Ελλήνων πολέ-
28.5 μιον γενόμενον." ταῦτ' εἰπὼν ὁ Θεμιστοκλῆς ἐπεθείασε τῷ λόγῳ, προσδιελθὼν τὴν ὄψιν ἣν εἶδεν ἐν Νικογένους καὶ τὸ μάντευμα τοῦ Δωδωναίου Διός, ὡς κελευσθεὶς πρὸς τὸν ὁμώνυμον τοῦ θεοῦ βαδίζειν, συμφρονήσειε πρὸς ἐκεῖνον ἀναπέμπεσθαι· μεγάλους γὰρ ἀμφοτέρους
28.6 εἶναί τε καὶ λέγεσθαι βασιλέας. ἀκούσας δ' ὁ Πέρσης, ἐκείνῳ μὲν οὐδὲν ἀπεκρίνατο, καίπερ θαυμάσας τὸ φρόνημα καὶ τὴν τόλμαν αὐτοῦ· μακαρίσας δὲ πρὸς τοὺς φίλους ἑαυτὸν ὡς ἐπ' εὐτυχίᾳ μεγίστῃ, καὶ κατευξάμενος αἰεὶ τοῖς πολεμίοις τοιαύτας φρένας διδόναι τὸν 'Αρειμάνιον, ὅπως ἐλαύνωσι τοὺς ἀρίστους ἐξ ἑαυτῶν, θῦσαί τε τοῖς θεοῖς λέγεται καὶ πρὸς πόσιν εὐθὺς τραπέσθαι καὶ

νύκτωρ ὑπὸ χαρᾶς διὰ μέσων τῶν ὕπνων ἐκβοῆσαι τρίς· "ἔχω Θεμιστοκλέα τὸν Ἀθηναῖον."

29.1 Ἅμα δ' ἡμέρᾳ συγκαλέσας τοὺς φίλους εἰσῆγεν αὐτόν, οὐδὲν ἐλπίζοντα χρηστὸν ἐξ ὧν ἑώρα τοὺς ἐπὶ θύραις, εὐθὺς ὡς ἐπύθοντο τοὔνομα παριόντος αὐτοῦ,
29.2 χαλεπῶς διακειμένους καὶ κακῶς λέγοντας. ἔτι δὲ 'Ρωξάνης ὁ χιλίαρχος, ὡς κατ' αὐτὸν ἦν ὁ Θεμιστοκλῆς προσιών, καθημένου βασιλέως καὶ τῶν ἄλλων σιωπώντων, ἀτρέμα στενάξας εἶπεν· "ὄφις Ἕλλην ὁ ποικίλος,
29.3 ὁ βασιλέως σε δαίμων δεῦρο ἤγαγεν." οὐ μὴν ἀλλ' εἰς ὄψιν ἐλθόντος αὐτοῦ καὶ πάλιν προσκυνήσαντος, ἀσπασάμενος καὶ προσειπὼν φιλοφρόνως ὁ βασιλεύς, ἤδη μὲν διακόσια τάλαντα ὀφείλειν ἔφησεν αὐτῷ· κομίσαντα γὰρ αὐτὸν ἀπολήψεσθαι δικαίως τὸ ἐπικηρυχθὲν τῷ ἀγαγόντι· πολλῷ δὲ πλείω τούτων ὑπισχνεῖτο καὶ παρεθάρρυνε καὶ λέγειν ἐδίδου περὶ τῶν Ἑλληνικῶν ἃ βούλοιτο
29.4 παρρησιαζόμενον. ὁ δὲ Θεμιστοκλῆς ἀπεκρίνατο, τὸν λόγον ἐοικέναι τοῦ ἀνθρώπου τοῖς ποικίλοις στρώμασιν· ὡς γὰρ ἐκεῖνα καὶ τοῦτον ἐκτεινόμενον μὲν ἐπιδεικνύναι τὰ εἴδη, συστελλόμενον δὲ κρύπτειν καὶ διαφθείρειν·
29.5 ὅθεν αὐτῷ χρόνου δεῖν. ἐπεὶ δ' ἡσθέντος τοῦ βασιλέως τῇ εἰκασίᾳ καὶ λαμβάνειν κελεύσαντος, ἐνιαυτὸν αἰτησάμενος καὶ τὴν Περσίδα γλῶτταν ἀποχρώντως ἐκμαθὼν ἐνετύγχανε βασιλεῖ δι' αὐτοῦ, τοῖς μὲν ἐκτὸς δόξαν παρέσχε περὶ τῶν Ἑλληνικῶν πραγμάτων διειλέχθαι, πολλῶν δὲ καινοτομουμένων περὶ τὴν αὐλὴν καὶ τοὺς φίλους ὑπὸ τοῦ βασιλέως ἐν ἐκείνῳ τῷ χρόνῳ, φθόνον ἔσχε παρὰ τοῖς δυνατοῖς, ὡς καὶ κατ' ἐκείνων παρρησίᾳ
29.6 χρῆσθαι πρὸς αὐτὸν ἀποτετολμηκώς. οὐδὲ γὰρ ἦσαν αἱ τιμαὶ ταῖς τῶν ἄλλων ἐοικυῖαι ξένων, ἀλλὰ καὶ κυνηγεσίων βασιλεῖ μετέσχε καὶ τῶν οἴκοι διατριβῶν, ὥστε καὶ μητρὶ τῇ βασιλέως ἐς ὄψιν ἐλθεῖν καὶ γενέσθαι συνήθης, διακοῦσαι δὲ καὶ τῶν μαγικῶν λόγων τοῦ βασιλέως
29.7 κελεύσαντος. ἐπεὶ δὲ Δημάρατος ὁ Σπαρτιάτης αἰτήσασθαι δωρεὰν κελευσθεὶς ᾐτήσατο τὴν κίταριν ὥσπερ οἱ βασιλεῖς ἐπαράμενος εἰσελάσαι διὰ Σάρδεων, Μιθροπαύστης μὲν ἀνεψιὸς ὢν βασιλέως εἶπε τοῦ Δημαράτου τῆς τιάρας ἁψάμενος· "αὕτη μὲν ἡ κίταρις οὐκ ἔχει ἐγκέφαλον ὃν ἐπικαλύψει· σὺ δ' οὐκ ἔσῃ Ζεὺς ἐὰν λάβῃς κε-
29.8 ραυνόν·" ἀπωσαμένου δὲ τὸν Δημάρατον ὀργῇ διὰ τὸ

αἴτημα τοῦ βασιλέως καὶ δοκοῦντος ἀπαραιτήτως ἔχειν
πρὸς αὐτόν, ὁ Θεμιστοκλῆς δεηθεὶς ἔπεισε καὶ διήλλαξε.
29.9 λέγεται δὲ καὶ τοὺς ὕστερον βασιλεῖς, ἐφ' ὧν μᾶλλον αἱ
Περσικαὶ πράξεις ταῖς Ἑλληνικαῖς ἀνεκράθησαν, ὁσάκις
δεηθεῖεν ἀνδρὸς Ἕλληνος, ἐπαγγέλλεσθαι καὶ γράφειν
ἕκαστον, ὡς μείζων ἔσοιτο παρ' αὐτῷ Θεμιστο-
29.10 κλέους. αὐτὸν δὲ τὸν Θεμιστοκλέα φασὶν ἤδη μέγαν
ὄντα καὶ θεραπευόμενον ὑπὸ πολλῶν, λαμπρᾶς ποτε
τραπέζης αὐτῷ παρατεθείσης, πρὸς τοὺς παῖδας εἰπεῖν·
29.11 'ὦ παῖδες, ἀπωλόμεθα ἄν, εἰ μὴ ἀπωλόμεθα.' πόλεις
δ' αὐτῷ τρεῖς μὲν οἱ πλεῖστοι δοθῆναι λέγουσιν εἰς
ἄρτον καὶ οἶνον καὶ ὄψον, Μαγνησίαν καὶ Λάμψακον
καὶ Μυοῦντα· δύο δ' ἄλλας προστίθησιν ὁ Κυζικη-
νὸς Νεάνθης καὶ Φανίας, Περκώτην καὶ Παλαίσκηψιν εἰς
στρωμνὴν καὶ ἀμπεχόνην.

30.1 Καταβαίνοντι δ' αὐτῷ πρὸς τὰς Ἑλληνικὰς πρά-
ξεις ἐπὶ θάλατταν Πέρσης ἀνὴρ Ἐπιξύης ὄνομα, σατρα-
πεύων τῆς ἄνω Φρυγίας, ἐπεβούλευσε, παρεσκευακὼς
ἔκπαλαι Πισίδας τινὰς ἀποκτενοῦντας, ὅταν ἐν τῇ κα-
30.2 λουμένῃ κώμῃ Λεοντοκεφάλῳ γενόμενος καταυλισθῇ. τῷ
δὲ λέγεται καθεύδοντι μεσημβρίας τὴν Μητέρα τῶν θεῶν
ὄναρ φανεῖσαν εἰπεῖν· "ὦ Θεμιστόκλεις, ὑστέρει κεφαλῆς
λεόντων, ἵνα μὴ λέοντι περιπέσῃς. ἐγὼ δ' ἀντὶ τούτου
30.3 σε αἰτῶ θεράπαιναν Μνησιπτολέμαν." διαταραχθεὶς οὖν
ὁ Θεμιστοκλῆς προσευξάμενος τῇ θεῷ τὴν μὲν λεωφό-
ρον ἀφῆκεν, ἑτέρᾳ δὲ περιελθὼν καὶ παραλλάξας τὸν
30.4 τόπον ἐκεῖνον ἤδη νυκτὸς οὔσης κατηυλίσατο. τῶν δὲ
τὴν σκηνὴν κομιζόντων ὑποζυγίων ἑνὸς εἰς τὸν ποταμὸν
ἐμπεσόντος, οἱ τοῦ Θεμιστοκλέους οἰκέται τὰς αὐλαίας
30.5 διαβρόχους γενομένας ἐκπετάσαντες ἀνέψυχον· οἱ δὲ Πι-
σίδαι τὰ ξίφη λαβόντες ἐν τούτῳ προσεφέροντο, καὶ τὰ
ψυχόμενα πρὸς τὴν σελήνην οὐκ ἀκριβῶς ἰδόντες ᾠήθη-
σαν εἶναι τὴν σκηνὴν τοῦ Θεμιστοκλέους κἀκεῖνον ἔνδον
30.6 εὑρήσειν ἀναπαυόμενον. ὡς δ' ἐγγὺς γενόμενοι τὴν αὐ-
λαίαν ἀνέστελλον, ἐπιπίπτουσιν αὐτοῖς οἱ παραφυλάτ-
τοντες καὶ συλλαμβάνουσι. διαφυγὼν δὲ τὸν κίνδυνον
οὕτω καὶ θαυμάσας τὴν ἐπιφάνειαν τῆς θεοῦ, ναόν τε
κατεσκεύασεν ἐν Μαγνησίᾳ Δινδυμήνης καὶ τὴν θυγατέρα
Μνησιπτολέμαν ἱέρειαν ἀπέδειξεν.

31.1 Ὡς δ' ἦλθεν εἰς Σάρδεις καὶ σχολὴν ἄγων ἐθεᾶτο
τῶν ἱερῶν τὴν κατασκευὴν καὶ τῶν ἀναθημάτων τὸ
πλῆθος, εἶδε καὶ ἐν Μητρὸς ἱερῷ τὴν καλουμένην ὑδρο-
φόρον κόρην χαλκῆν, μέγεθος δίπηχυν, ἣν αὐτὸς ὅτε
τῶν Ἀθήνησιν ὑδάτων ἐπιστάτης ἦν, ἑλὼν τοὺς ὑφαι-
ρουμένους τὸ ὕδωρ καὶ παροχετεύοντας, ἀνέθηκεν ἐκ τῆς
ζημίας ποιησάμενος· εἴτε δὴ παθών τι πρὸς τὴν αἰχμα-
λωσίαν τοῦ ἀναθήματος, εἴτε βουλόμενος ἐνδείξασθαι
τοῖς Ἀθηναίοις, ὅσην ἔχει τιμὴν καὶ δύναμιν ἐν τοῖς
βασιλέως πράγμασι, λόγον τῷ Λυδίας σατράπῃ προσ-
ήνεγκεν, αἰτούμενος ἀποστεῖλαι τὴν κόρην εἰς τὰς Ἀθή-
31.2 νας. χαλεπαίνοντος δὲ τοῦ βαρβάρου καὶ βασιλεῖ γράψειν
φήσαντος ἐπιστολήν, φοβηθεὶς ὁ Θεμιστοκλῆς εἰς τὴν
γυναικωνῖτιν κατέφυγε, καὶ τὰς παλλακίδας αὐτοῦ θε-
ραπεύσας χρήμασιν, ἐκεῖνόν τε κατεπράυνε τῆς ὀργῆς,
καὶ πρὸς τἆλλα παρεῖχεν αὑτὸν εὐλαβέστερον, ἤδη καὶ
31.3 τὸν φθόνον τῶν βαρβάρων δεδοικώς. οὐ γὰρ πλανώμενος
περὶ τὴν Ἀσίαν ὥς φησι Θεόπομπος,
ἀλλ' ἐν Μαγνησίᾳ μὲν οἰκῶν, καρπούμενος δὲ δωρεὰς
μεγάλας καὶ τιμώμενος ὅμοια Περσῶν τοῖς ἀρίστοις,
ἐπὶ πολὺν χρόνον ἀδεῶς διῆγεν, οὐ πάνυ τι τοῖς Ἑλλη-
νικοῖς πράγμασι βασιλέως προσέχοντος ὑπ' ἀσχολιῶν
περὶ τὰς ἄνω πράξεις.
31.4 Ὡς δ' Αἴγυπτός τ' ἀφισταμένη βοηθούντων Ἀθη-
ναίων καὶ τριήρεις Ἑλληνικαὶ μέχρι Κύπρου καὶ Κιλι-
κίας ἀναπλέουσαι καὶ Κίμων θαλασσοκρατῶν ἐπέστρε-
ψεν αὐτὸν ἀντεπιχειρεῖν τοῖς Ἕλλησι καὶ κολούειν αὐξα-
νομένους ἐπ' αὐτόν, ἤδη δὲ καὶ δυνάμεις ἐκινοῦντο καὶ
στρατηγοὶ διεπέμποντο, καὶ κατέβαινον εἰς Μαγνησίαν
ἀγγελίαι πρὸς τὸν Θεμιστοκλέα, τῶν Ἑλληνικῶν ἐξά-
πτεσθαι κελεύοντος βασιλέως καὶ βεβαιοῦν τὰς ὑποσχέ-
31.5 σεις, οὔτε δι' ὀργήν τινα παροξυνθεὶς κατὰ τῶν πολι-
τῶν, οὔτ' ἐπαρθεὶς τιμῇ τοσαύτῃ καὶ δυνάμει πρὸς τὸν
πόλεμον, ἀλλ' ἴσως μὲν οὐδ' ἐφικτὸν ἡγούμενος τὸ ἔργον,
ἄλλους τε μεγάλους τῆς Ἑλλάδος ἐχούσης στρατηγοὺς
τότε καὶ Κίμωνος ὑπερφυῶς εὐημεροῦντος ἐν τοῖς πολε-
μικοῖς, τὸ δὲ πλεῖστον αἰδοῖ τῆς τε δόξης τῶν πράξεων
τῶν ἑαυτοῦ καὶ τῶν τροπαίων ἐκείνων, ἄριστα βουλευ-
σάμενος ἐπιθεῖναι τῷ βίῳ τὴν τελευτὴν πρέπουσαν,
ἔθυσε τοῖς θεοῖς, καὶ τοὺς φίλους συναγαγὼν καὶ δε-
31.6 ξιωσάμενος, ὡς μὲν ὁ πολὺς λόγος αἷμα ταύρειον πιών,
ὡς δ' ἔνιοι φάρμακον ἐφήμερον προσενεγκάμενος, ἐν

Μαγνησία κατέστρεψε, πέντε πρὸς τοῖς ἑξήκοντα βεβιωκὼς ἔτη, καὶ τὰ πλεῖστα τούτων ἐν πολιτείαις καὶ ἡγεμονίαις. τὴν δ' αἰτίαν τοῦ θανάτου καὶ τὸν τρόπον πυθόμενον βασιλέα λέγουσιν ἔτι μᾶλλον θαυμάσαι τὸν ἄνδρα, καὶ τοῖς φίλοις αὐτοῦ καὶ οἰκείοις διατελεῖν χρώμενον φιλανθρώπως.

32.1 Ἀπέλιπε δὲ Θεμιστοκλῆς παῖδας ἐκ μὲν Ἀρχίππης τῆς Λυσάνδρου τοῦ Ἀλωπεκῆθεν Ἀρχέπτολιν καὶ Πολύευκτον καὶ Κλεόφαντον, οὗ καὶ Πλάτων ὁ φιλόσοφος ὡς ἱππέως ἀρίστου, τἆλλα δ' οὐδενὸς
32.2 ἀξίου γενομένου, μνημονεύει. τῶν δὲ πρεσβυτέρων Νεοκλῆς μὲν ἔτι παῖς ὢν ὑφ' ἵππου δηχθεὶς ἀπέθανε, Διοκλέα δὲ Λύσανδρος ὁ πάππος υἱὸν ἐποιήσατο. θυγατέρας δὲ πλείους ἔσχεν, ὧν Μνησιπτολέμαν μὲν ἐκ τῆς ἐπιγαμηθείσης γενομένην Ἀρχέπτολις ὁ ἀδελφὸς οὐκ ὢν ὁμομήτριος ἔγημεν, Ἰταλίαν δὲ Πανθοίδης ὁ Χῖος, Σύ-
32.3 βαριν δὲ Νικόδημος ὁ Ἀθηναῖος. Νικομάχην δὲ Φρασικλῆς ὁ ἀδελφιδοῦς Θεμιστοκλέους, ἤδη τετελευτηκότος ἐκείνου, πλεύσας εἰς Μαγνησίαν ἔλαβε παρὰ τῶν ἀδελφῶν, νεωτάτην δὲ πάντων τῶν τέκνων Ἀσίαν ἔθρεψε.
32.4 Καὶ τάφον μὲν αὐτοῦ λαμπρὸν ἐν τῇ ἀγορᾷ Μάγνητες ἔχουσι· περὶ δὲ τῶν λειψάνων οὔτ᾿ Ἀνδοκίδῃ προσέχειν ἄξιον, ἐν τῷ Πρὸς τοὺς ἑταίρους
λέγοντι φωράσαντας τὰ λείψανα διαρρῖψαι τοὺς Ἀθηναίους ψεύδεται γὰρ ἐπὶ τὸν δῆμον παροξύνων τοὺς ὀλιγαρχικούς, ἅ τε Φύλαρχος,
ὥσπερ ἐν τραγῳδίᾳ τῇ ἱστορίᾳ μονονοὺ μηχανὴν ἄρας καὶ προαγαγὼν Νεοκλέα τινὰ καὶ Δημόπολιν, υἱεῖς Θεμιστοκλέους, ἀγῶνα βούλεται κινεῖν καὶ πάθος, οὐδ'
32.5 ἂν ὁ τυχὼν ἀγνοήσειεν ὅτι πέπλασται. Διόδωρος δ' ὁ περιηγητὴς ἐν τοῖς Περὶ μνημάτων εἴρηκεν ὡς ὑπονοῶν μᾶλλον ἢ γιγνώσκων, ὅτι περὶ τὸν μέγαν λιμένα τοῦ Πειραιῶς ἀπὸ τοῦ κατὰ τὸν Ἄλκιμον ἀκρωτηρίου πρόκειταί τις οἷον ἀγκών, καὶ κάμψαντι τοῦτον ἐντός, ᾗ τὸ ὑπεύδιον τῆς θαλάττης, κρηπίς ἐστιν εὐμεγέθης καὶ τὸ ἐπ' αὐτῇ βωμοειδὲς τάφος τοῦ Θεμι-
32.6 στοκλέους. οἴεται δὲ καὶ Πλάτωνα τὸν κωμικὸν αὐτῷ μαρτυρεῖν ἐν τούτοις·

ὁ σὸς δὲ τύμβος ἐν καλῷ κεχωσμένος
τοῖς ἐμπόροις πρόσρησις ἔσται πανταχοῦ,

τούς τ' ἐκπλέοντας εἰσπλέοντάς τ' ὄψεται,
χὠπόταν ἄμιλλ' ᾖ τῶν νεῶν θεάσεται.

τοῖς δ' ἀπὸ γένους τοῦ Θεμιστοκλέους καὶ τιμαί τινες ἐν Μαγνησίᾳ φυλαττόμεναι μέχρι τῶν ἡμετέρων χρόνων ἦσαν, ἃς ἐκαρποῦτο Θεμιστοκλῆς Ἀθηναῖος, ἡμέτερος συνήθης καὶ φίλος παρ' Ἀμμωνίῳ τῷ φιλοσόφῳ γενόμενος.

Commentary

Abbreviations:

GP J. D. Denniston, The Greek Particles (Oxford 1954, second edition).

F Frank J. Frost, Plutarch's Themistocles, A Historical Commentary (Princeton 1980).

Raven D. S. Raven, Greek Metre, An Introduction (London 1968, second edition).

S Herbert Weir Smyth, Greek Grammar, rev. by Gordon M. Messing (Cambridge 1956).

1.1 δέ: The absence of a preceding μέν suggests but does not prove that the beginning of this Life is lost; inceptive δέ is found elsewhere in Greek literature (GP 172). If such an opening did exist, it may have explained why Plutarch chose to pair the Greek Themistocles with the Roman Camillus (F 60).
τὰ μὲν ἐκ γένους: "the conditions (in consequence) of birth, the origins." The δέ corresponding to this μέν is at 2.1. His obscure family background is contrasted with his natural gifts.
ἀμαυρότερα: "too obscure," absolute comparative.
πρὸς δόξαν: "for glory, reputation," i.e., "to gain him recognition."
ὑπῆρχε: ὑπάρχειν properly = "to begin, to be already in existence." Translate "were, to begin with."
Νεοκλέους: gen.; virtually nothing else historically reliable is known about Neokles (F 60).
οὐ τῶν ἄγαν ἐπιφανῶν: "not (being) of the highly visible, the very distinguished"; partitive gen.
'Αθήνησι: locative adv., "in Athens."
Φρεαρρίου τῶν δήμων: literally, "a Phrearrhian of the demes," i.e., "a Phrearrhian by deme." Phrearrhioi, a district northwest of Cape Sunium, was one of about 140 demes, the smallest Athenian political subdivisions. τῶν δήμων is partitive gen.

ἐκ τῆς Λεοντίδος φυλῆς: one of the ten tribes, named like Phrearrhioi after an Attic hero (Λεώς). By the reforms of Kleisthenes (507/8), a citizen could be designated by his personal name, followed by his father's name, his deme's, and finally that of his tribe.

νόθος: usually "illegitimate," but here "alien" or more precisely "citizen of mixed descent," the mother of whom was not a citizen (F 62-3).

πρὸς μητρός: "on his mother's side."

'Αβρότονον...Θεμιστοκλέα: an elegiac couplet, consisting of a dactylic hexameter followed by a pentameter. See Raven, 47-8. The contents of her epitaph reflect popular tradition.

'Αβρότονον: nom. sing. Supply εἰμί. The neuter form is common in the names of female slaves and hetairai, and Habrotonon in particular was a stock name of the prostitute in New Comedy (F 62).

Θρῇσσα: Ionic form = Attic Θρᾷττα, "a Thracian;" like 'Αβρότονον adds a negative note since Athenians regarded Thracians as inferiors.

γένος: acc. of respect, "by race."

τεκέσθαι < τίκτω. In poetry the middle is often used for the active τεκεῖν.

1.2 Φανίας: 4th-century disciple of Aristotle, composed histories and works on logic, physics and literature, an important but often unreliable source for this Life.

μέντοι: "however."

Καρίνην: "a Carian," from Caria in southwestern Asia Minor.

ὄνομα: acc. of respect, "by name."

Νεάνθης: 3rd-century rhetorician and historian.

καὶ πόλιν: "a city also," i.e., in addition to a country.

τῆς Καρίας 'Αλικαρνασσόν: "Halicarnassus in Caria," the so-called chorographic gen., which indicates the country within which a town lies. As usual, only the country's name has the article (S[1311]).

1.3 διότι: in later Greek, sometimes inferential and = διό, "therefore, for this reason" (namely, that he was nothos).

καί· καί after inferential διότι shows that the inference is self-evident and may be translated, "that is the reason for which, that is why" (GP 295).

Κυνόσαργες: a place of training southeast of the city. The other two important gymnasia were the well-known Academy and the Lyceum, associated respectively with Plato and Aristotle.

εἰς... συντελούντων: "contributing to," hence, "belonging to, enrolled in." The whole phrase τῶν... συντελούντων was a technical term which classified this group in 5th-century Athenian society as distinct from those of pure descent (F 63).

ἔξω πυλῶν: The article is often omitted in prep. phrases especially when the object of the prep. is a common or familiar location (S[1128]). Cf. English "to town."

κἀκεῖνος: crasis for καὶ ἐκεῖνος "that one too" (Herakles).

ἐνείχετο: "was charged with, bore the stigma of," < ἐνέχω.

εὖ γεγονότων: "well-born," referring here to γνήσιοι both of whose parents were citizens.

ἀλείφεσθαι: "to anoint themselves" with oil before exercising. Hence, "to train, exercise."

δοκεῖ... ἀνελεῖν: "is thought to have abolished" (< ἀναιρέω). δοκεῖ shows that Plutarch is merely reporting and not necessarily accepting the assertion.

1.4 μέντοι: "be that as it may." The particle reveals Plutarch's skepticism (in fact, justified) towards some of the previous assertions (F 63).

τοῦ Λυκομιδῶν γένους: The family was associated with the celebration of the Eleusinian mysteries and the local worship of Demeter. For his further devotion to her, see chs. 30, 31 (F 64-5).

Φλυῆσι: locative, "in Phlya," a deme north of Athens.

τελεστήριον: "place of initiation."

ἐμπρησθέν: aor. pass. pple. < ἐμπίμπρημι, "burn, set on fire."

τῶν βαρβάρων: the Persians in their invasion of 480.

Σιμωνίδης: lyric and elegiac poet from the Aegean island Keos (c.556-468).

ἱστόρηκεν < ἱστορέω, "inquire," later "record "

2.1 φορᾶς: "impulsiveness," a meaning not found in classical Greek.
τῇ μὲν φύσει: "by nature, by his natural disposition," dat. of respect.
τῇ δέ προαιρέσει: "by considered choice." As a motivating force in Plutarch's biographies, it is often contrasted with the baser influence of the emotions.
μεγαλοπράγμων: "disposed to do great deeds."
ἀνέσεσι καὶ σχολαῖς: "periods of relaxation and leisure."
ἐρρᾳθύμει: impf of ῥᾳθυμέω, "be idle."
καθάπερ: "just like."
οἱ πολλοὶ παῖδες: "most boys," i.e., "ordinary, average boys."

2.2 συνταττόμενος: literally, "arranging together for himself," i.e., "composing."
πρὸς ἑαυτόν: probably "to himself," thus "by himself "
κατηγορία...συνηγορία: To impute such deliberate "pro and con" compositions to the late sixth century is anachronistic (F 65-6).
τινὸς...τῶν παίδων: "of someone (or other) of the boys." The unusual word order (hyperbaton) is designed to avoid hiatus.
εἰώθει: "was accustomed " plpf. in impf. sense (< ἔθω).
ὡς = ὅτι introducing a direct quotation, rare in classical but common in later Greek.
μικρόν: modifies οὐδέν.
μέγα: "(something) great."

2.3 ἐπεὶ καί = καὶ γάρ, "and in fact"; introduces more evidence to corroborate the previous statements.
τῶν παιδεύσεων: partitive gen.; comprises letters, music and gymnastics.
τὰς μὲν ἠθοποιοὺς ἢ πρὸς ... σπουδαζομένας: "those which mold character or are seriously pursued with a view to..."
ὀκνηρῶς: "reluctantly."

Plutarch's Themistocles 33

ἐξεμάνθανε: "he set out to learn thoroughly," inchoative impf., since clearly he never completed the action of ἐκμανθάνειν (S[1900]).
εἰς: "for the purpose of," i.e., "which enhance."
δῆλος ἦν ὑπερορῶν: "he used to treat with obvious indifference." Madvig's ὑπερερῶν is an unnecessary correction by means of a word nowhere else attested (F 66).
παρ' ἡλικίαν: "beyond his years."
ὡς...πιστεύων: "as if he were trusting."

2.4 ἀστείαις: "urbane, sophisticated."
χλευαζόμενος < χλευάζω, "scoff at, treat scornfully."
φορτικώτερον: "rather coarsely."
ἁρμόσασθαι < ἁρμόζω, in middle, "tune."
μεταχειρίσασθαι < μεταχειρίζομαι, "handle, practice."
ψαλτήριον: "harp."

2.5 καίτοι: "and yet," i.e., despite these stories of his neglected education.
Στησίμβροτος: 5th-century Homeric rhapsode (professional reciter) who taught at Athens and wrote a life of Themistocles.
Ἀναξαγόρου: Anaxagoras was an important pre-Socratic philosopher and a teacher of Pericles (c.500-c.428).
διακοῦσαι: "hear from, learn from," hence "be a disciple of."
Μέλισσον: Eleatic philosopher who successfully commanded the Samian fleet against the Athenians in 441.

2.6 μᾶλλον οὖν ἄν τις προσέχοι: potential opt., "one might better then pay attention to," governs τοῖς...λέγουσιν (pple.).
Μνησιφίλου: Themistocles' teacher, once thought to be a fictitious character, but now his name has been found on ostraca belonging to the 480's (F 67-8).
οὖσαν δέ: "really being," opposed to καλουμένην.
δραστήριον: "efficacious," i.e., "practical."
ἐπιτήδευμα πεποιημένου: with Μνησιφίλου, "one who has made his business."
αἵρεσιν: "sect, school."
Σόλωνος: Athenian statesman and poet (c.640-c.560), also regarded as one of the Seven Wise Men of Greece.

ἥν: Translate "this"; object of the two following pple's.
δικανικαῖς...τέχναις: "forensic arts."
μείξαντες < μίγνυμι, "mix, mingle."

2.7 ἐπλησίαζεν: "associated with, consorted with."
ἀνώμαλος...καὶ ἀστάθμητος: "inconsistent and unstable."
ἅτε: with pple., "seeing as."
καθ' αὑτήν: "by itself," i.e., unrestrained by other influences.
λόγου: "deliberate reasoning."
ἐπ' ἀμφότερα: "to both ends," i.e., "to extremes."
ποιουμένῃ...ἐξισταμένῃ: modifies τῇ φύσει.
καταρτύσεως < κατάρτυσις, "training, discipline," a non-classical word.

2.8 ἅ...διηγήματα = τὰ διηγήματα ἅ, "the stories which."
ἐξαρτῶσιν < ἐξαρτάω, "hang upon," i.e., "link to" with gen. τούτων.
ἀποκήρυξιν: "public disinheritance."
τοὐναντίον = τὸ ἐναντίον, "contrariwise, on the other hand."
τοῦ τὰ κοινὰ πράττειν: "from managing state affairs," gen. of separation with ἀποτρέπων.
τριήρεις: In fact, the triremes were not built until later after Themistocles introduced his Navy Bill (c.484/3) to expand the Athenian fleet (F 69-70).
ἐρριμμένας: "abandoned," perf. passive pple. of ῥίπτω, "toss, cast out."
παρορωμένας < παροράω, "overlook, disregard."
ὡς δή: "just as," intensive δή.
πρὸς...ὁμοίως ἐχόντων: "having a similar attitude toward."

Plutarch's Themistocles 35

3.1 **μέντοι:** "nevertheless, in spite of that," i.e., his youthful lack of moderation.
νεανικῶς: lit. "youthfully," hence "energetically" or perhaps better "forcefully," since the word may have positive or negative connotations.
ἔοικεν: objective; contrast 1.3 and 3.2. Plutarch apparently accepts this report.
ἄψασθαι < ἅπτω, "attach," but in middle, "grasp, lay hold of" (+ gen.).
κρατῆσαι: governed by ἔοικεν.
τοῦ πρωτεύειν: dependent on ἐφιέμενος, "aiming at, desiring."
ἰταμῶς: "recklessly."
ὑφίστατο: "he kept facing"; cf. English "stand up to."
τὰς πρὸς...ἀπεχθείας: "the occasions of emnity (which occurred) with, among." The plural denotes concrete instances of the abstract idea. Cf. μανίαι, "fits of madness." πρός indicates that the hostility was mutual.
Ἀριστείδην τὸν Λυσιμάχου: nicknamed "the Just." Later tradition often anachronistically portrayed the rivalry in post-Periclean terms, the upright, conservative Aristides opposing the deceitful demagogue Themistocles (F 72).
τὴν ἐναντίαν: Supply ὁδόν, an internal acc. (S[1027b]).
αὐτῷ: dat. dependent on ἐναντίαν.

3.2 **παντάπασιν...μειρακιώδη:** "quite childish," the word order avoids hiatus.
Κείου: "a native of Keos."
Ἀρίστων: head of the Lyceum (c.225).
στασιάζοντες: supplementary pple. with διατελέω, "continue."

3.3 **οὐ μὴν ἀλλ':** introduces a second, more significant reason for the rivalry, "but (even without that quarrel)" (GP 29-30).
καλοκαγαθικός: "a proper gentleman." The adjective is non-classical.
τοῦ βελτίστου: "the highest good" of the state.
καινοτομίας: "(political) innovations."

3.4 **παράφορος**: "carried away."
ὑπό: "under the influence of," i.e., "due to."
νέος ὢν ἔτι: In fact, in 490 when the Persians were defeated, Themistocles was about 35 and had already in 493/2 been archon, an administrative office which was at least nominally the highest in the state (F 72-3).
Μιλτιάδου: the Athenian general who commanded the victorious Athenian and Plataean forces at Marathon.
σύννους: "deep in thought, preoccupied "
τὰ πολλά: "usually," adverbial acc.
ἀγρυπνεῖν: "to be wide awake."
τοὺς πότους παραιτεῖσθαι τοὺς συνήθεις: τοὺς συνήθεις either modifies τοὺς πότους "his usual binges," or (less likely) is one of two acc's after παραιτεῖσθαι, "to decline his friends' invitations to the drinking bouts."
ἔφη < ἐάω; optative because λέγειν above stands for impf. indicative of direct discourse.

3.5 **τὴν ... ἧτταν εἶναι**: The article shows that τὴν ἧτταν ("the defeat") is the subject of εἶναι.

4.1 **καὶ πρῶτον μέν**: followed by ἐκ δὲ τούτου (4.4).
τὴν Λαυρεωτικὴν πρόσοδον: "the revenue from Laureion," the silver mining district in southern Attica where a rich strike was made c.483. Obj. of διανέμεσθαι, "to divide among themselves."
παρελθὼν εἰς τὸν δῆμον: i.e., "addressing the Ekklesia," the Athenian popular assembly.
ἐάσαντας: "having given up."
τὸν πρὸς Αἰγινήτας πόλεμον: an undeclared war that lasted almost uninterruptedly from c.505 until the defeat of Athens' maritime rival in the 450's (F 82-4).

4.2 **ᾗ καὶ ῥᾷον**: "wherefore even more easily," i.e., "all the more easily therefore."
οὐ Δαρεῖον οὐδὲ Πέρσας: objects of ἐπισείων. In fact, Darius was probably dead by this time (F 85).
ὡς ἀφιξόμενοι: "on the grounds that they would come."
ἐπισείων: "shaking at," i.e., holding them out as a threat.
ἀποχρησάμενος < ἀποχράομαι, "use to the full, avail oneself of," with dat.

Plutarch's Themistocles

παρασκευήν: "armament."

4.3 ἑκατόν: the near consensus of later tradition, perhaps following Aristotle; probably correct as opposed to Herodotus' 200 (F 85).

4.4 κατὰ μικρὸν ὑπάγων: "gradually luring."
ὡς: "because, as he said"; cf. 4.2.
τὰ πεζά: "as to their infantry," acc. of respect.
ὄντας: instead of οὖσαν, as though τοὺς πολίτας had been written instead of τὴν πόλιν.
τῇ...ἀπὸ τῶν νεῶν ἀλκῇ: "by the defense which the ships provided."
ἀμύνασθαι...ἄρχειν: the momentary vs. the durative aspect.
ἄρα: "it seems, surely enough."
τῶν πολιτῶν: gen. of separation with παρελόμενος, < παραιρέω, "take away from."
ὑπηρέσιον: the "cushion" on which a rower sat.
συνέστειλε < συστέλλω, "draw together, reduce."

4.5 εἰ μὲν δή...ἢ μή: "whether in fact...or not."
τὴν ἀκρίβειαν: "rigid discipline."
ταῦτα: i.e., the Navy Bill, or the transformation of the Athenians into mariners.
ἔστω φιλοσοφώτερον ἐπισκοπεῖν: "let it be more philosophical to examine," i.e., "is an academic question."
καυθεῖσαν: aor. pass. pple. of καίω, "burn."
τά τ' ἄλλα καί: lit., "both other things and," i.e., "especially."
ἀθραύστου: "intact." The force of the gen. absolute is concessive.

4.6 ὡς οὐκ ἄν: "in the belief that he was not."
Μαρδόνιον: Persian commander who was defeated at Plataea in 479; obj. of κατέλιπεν.
ἐμποδὼν εἶναι, δουλωσόμενον: Both express purpose.

5.1 σύντονον...χρηματιστήν: "a fervent moneymaker."
οἱ μέν τινές: The addition of the indefinite pronoun suggests that Plutarch has no specific writers in mind.
ἐλευθεριότητα: "liberality."
καὶ γάρ...καί: "for both...and."
φιλοθύτην: "fond of sacrifices," which were often followed by lavish social gatherings.
ἀφθόνου...χορηγίας: gen. with δεῖσθαι, "to stand in need of." Compound adjectives often use the same endings for the feminine as for the masculine. The infinitive depends on φασι.
οἱ δέ: among whom is Herodotus.
γλισχρότητα: "stinginess."
μικρολογίαν: "counting trifles, penny-pinching."
ὡς...πωλοῦντος: "on the grounds that he sold." Supply αὐτοῦ as a gen. of the person charged after κατηγοροῦσιν.
τὰ πεμπόμενα τῶν ἐδωδίμων: "whatever provisions were sent," probably food sent as a present to visiting guest-friends from foreign states.

5.2 ποιήσειν...ταράξειν: The subject is Themistocles.
δούρειον ἵππον: "a wooden horse." As the Trojan horse destroyed the Trojans, so would Diphilides' own family prove his undoing.
αἰνιξάμενος < αἰνίσσομαι, "speak darkly, intimate." The aor. pple. here expresses action coincident with that of the main verb.
ἐγκλήματα...καὶ δίκας: "(written) complaints and lawsuits." Themistocles was apparently threatening to instigate indirectly suits against Diphilides through that man's own relations.
τῷ ἀνθρώπῳ: "for this fellow," contemptuous in tone.

5.3 ὥστ'...ἐκλιπαρῆσαι: "so that he moved by entreaty." The classical distinction between actual and natural result is sometimes blurred in later Greek.
Ἑρμίονος: a city of Argolis in the Peloponnesus.
σπουδαζόμενον: "zealously pursued, eagerly sought after."
παρ' αὐτῷ: "at his (own) house."

Plutarch's Themistocles 39

5.4 **διαμιλλώμενος** < διαμιλλάομαι, "contend eagerly, compete with."
τῷ Κίμωνι: "the (well-known) Cimon," Miltiades' son, an aristocrat and later powerful political rival.
τὴν ἄλλην: "(all) the rest (of)."
ἐκείνῳ: dat. with συγχωρεῖ, δεῖν.
τὰ τοιαῦτα: direct object of συγχωρεῖν.
ὁ δέ: i.e., Themistocles.
μήπω = οὔπω. μή and οὐ are sometimes used interchangeably in later Greek, and so γεγονώς does not express a condition.
ἐξ οὐχ ὑπαρχόντων: "not according to his existing circumstances," i.e., "beyond his means."
παρ' ἀξίαν: "contrary to what he merited, improperly."
προσωφλίσκανεν: "kept incurring besides, kept getting a reputation for...besides."

5.5 **χορηγῶν**: pple., "defraying the cost of a chorus," which was a very expensive undertaking.
πίνακα < πίναξ, "a votive tablet," which would have been set up in the temple of Dionysus.
Φρύνικος: an early tragic poet.
ἐδίδασκεν: The poet himself taught the actors and chorus their parts; hence, "was the playwright."
ἦρχεν: "was (eponymous) archon."
οὐ μὴν ἀλλά: "nevertheless," i.e., despite his extravagant airs.
ἐνήρμοττε < ἐναρμόττω, "fit in with, please."

5.6 **τοῦτο μέν...τοῦτο δέ**: "first...second."
ἀπὸ στόματος: "from memory, by heart."
κριτήν: not an official "judge" but simply an "arbitrator."
συμβόλαια: "contracts."
ὥς = ὥστε; accent due to που.
στρατηγοῦντος: "when he was strategos," one of ten important political and military leaders elected annually.
ἀστεῖος: "urbane, refined," but in later Greek often like the attenuated English "fine."

5.7 **ἐπισκώπτων**: "making fun of."
λοιδοροῦντα < λοιδορέω, "revile." The Corinthians themselves apparently misinterpreted a line of Simonides as casting an aspersion on their valor in the Trojan War (F 90).
αὑτοῦ...ποιούμενον εἰκόνας: "while he had portrait statues made of himself."
τὴν ὄψιν: "in appearance."
τέλος: "finally."
κατεστασίασε: "overpowered by forming a counter-party."
μετέστησεν ἐξοστρακισθέντα: "removed by ostracism" in 483/2. Actually one politician could not easily arrange the ostracism of another (F 90-2).

6.1 **τοῦ Μήδου καταβαίνοντος**: By a common confusion, Μῆδος = Πέρσης. Refers to Xerxes, who came down from Asia in 480 to invade Greece.
στρατηγοῦ: "chief-general," but not necessarily <u>officially</u> superior to the others.
ἐκστῆναι: "stand away from, shirk," followed by gen. of separation.
ἐκπεπληγμένους τὸν κίνδυνον: lit., "in a state of panic at the danger" (< ἐκπλήσσω, "frighten").
δεινὸν...εἰπεῖν: "skilled at speaking."
χρημάτων ἥττονα: "weaker than money, corruptible."
τῆς ἀρχῆς: gen. of the end desired with ἐφίεσθαι.
ἐπίδοξον: "likely," masc.
χειροτονίᾳ: lit., "a stretching out of hands," here "election (by showing of hands)."

6.2 **διαφθαρείη**: aor. pass. < διαφθείρω.
ἐξωνήσασθαι < ἐξωνέομαι, "buy off."

6.3 **τὸν δίγλωσσον**: "the bilingual man, the interpreter." The article shows that the incident was well-known (F 95-6).
ἐπὶ...αἴτησιν: "for asking," i.e., "to ask for." Granting such a request would symbolize total subjugation.

6.4 **ψηφίσματος**: "a voting" or "a decree," usually referring to decisions of the Ekklesia.
χρῆσαι < χράω, "furnish the use of, lend."

Plutarch's Themistocles 41

Ἄρθμιον τὸν Ζελείτην: an Athenian proxenus (local diplomatic representative) from Zelea in western Asia Minor, who attempted to bribe the Greeks with Persian money (F 96-8).
εἰπόντος: "having proposed (it)." But probably the measure was actually proposed later by Cimon between 477 and 450.
τοὺς ἀτίμους: "the outlawed," not "the disenfranchised," since Arthmius was not a citizen. ἀτιμία in the sixth and earlier fifth century meant a man could be killed and his property confiscated with impunity.

6.5 **τὸ καταλῦσαι:** subject of ἦν understood.
τοὺς Ἑλληνικοὺς πολέμους: i.e., the wars against each other.
τὸν πόλεμον: i.e., against the Persians.
πρὸς ὅ: "and to this end."
Χείλεων: acc. of Χείλεως, Attic declension. The precise reference here is obscure; according to Hdt. he urged the Spartans to send a contingent to Plataea in 479.
συναγωνίσασθαι: "struggled along with, assisted (Themistocles)."

7.1 **τὴν ἀρχήν:** "the office" of strategos, held from July 482 to June 481. Plutarch's chronology in chapters 7-10 is compressed and somewhat confused compared to that of Hdt. (F 100).
ἔπειθεν: "he attempted to persuade," conative impf.
ὡς προσωτάτω: "as far as possible."
ἀπαντᾶν < ἀπαντάω, "encounter, resist," with dat.

7.2 **τὰ Τέμπη:** a valley in northeastern Thessaly. The expedition actually took place later in April-May 480 (F 101).
τῆς Θεσσαλίας: gen. with compound verb προκινδυνεύω.
μηδίζειν: "side with the Medes."
βασιλεῖ: the Persian "king," treated like a proper name and so without article.
προσγενομένων: "having attached themselves to."
τὰ μέχρι Βοιωτίας: Supply χωρία.

'Αρτεμίσιον: promontory on the northeastern coast of the island of Euboea near which the Persian and Greek fleets fought in 480.
τὰ στενά: "the straits (of Euboea)."

7.3 ἔνθα δή: "at that very place, it was there that." The first independent verb is παρῆκε.
ὁμοῦ τι: "nearly" with σύμπαντας.
αὐτός: "voluntarily."
παρῆκε: < παρίημι, "yield."
κατεπράϋνε < καταπραΰνω, "placate, appease."
ἄν = ἐάν.
παρέξειν: "he would make."

7.4 τῶν πολεμίων...τῶν συμμάχων: gen. of distinction with περιγενομένους, "being superior to, prevailing over."
εὐγνωμοσύνῃ: "in prudence."

7.5 ἐπεί...: The main subject is ὁ Εὐρυβιάδης, the verb ἐβούλετο.
ταῖς 'Αφεταῖς: seaport and promontory in eastern Thessaly opposite Artemisium.
προσμείξαντος < προσμίγνυμι, "come to, arrive at," with dat.
ἐκπλαγεὶς...τὸ πλῆθος: See on ἐκπεπληγμένους 6.1.
κατὰ στόμα: "face to face," i.e., "confronting him."
Σκιάθου: island northeast of Euboea, one of the largest islands of Greece in the Aegean Sea.
τὴν ταχίστην: Supply ὁδόν. See on τὴν ἐναντίαν 3.1.
κομισθείς: here, "having sailed."
ἄψασθαι: "to reach," with gen.
τὸν πεζὸν στρατόν...προσπεριβαλέσθαι: "to draw the infantry round himself in addition to."
πρόωνται: aor. subjunctive of προίημι, in middle, "give up, abandon."

7.6 ὡς Ἡρόδοτος ἱστόρηκε: Actually Hdt. says Themistocles kept 22 of the 30 talents for himself.
τοῖς περὶ τὸν Εὐρυβιάδην: οἱ περί τινα in classical Greek usually means "the followers of X," or "X and his

Plutarch's Themistocles 43

followers." In later Greek, however, it is often no more than a periphrasis for "X".

τῆς ἱερᾶς νεώς: perhaps an anachronistic reference to one of the state triremes ordinarily reserved for sacred and official embassies.

χορηγεῖν: The state usually paid the crews' wages, a detail which contributes to the impression that this story is false (F 107-8).

συνδραμόντας < συντρέχω, "run together, rush upon."

7.7 κίστῃ: "chest, box."
ἐν τῷ παρόντι: "for the present, now."
μεθ' ἡμέραν: "by day, at daybreak."
ἐπιμεληθῆναι < ἐπιμελέομαι, "take care of."
εἰ δὲ μή: "otherwise."
καταβοήσειν < καταβοάω, "cry out against, denounce," with gen.
Φανίας: Cf. 1.2.

8.1 εἰς τὰ ὅλα: "with respect to the whole issue."
ὤνησαν < ὀνίνημι, "profit, benefit."
παρὰ τοὺς κινδύνους: "near, at the moment of..."
λαμπρότητες ἐπισήμων: "the splendor of figureheads."
κομπώδεις: "boastful."
εἰς χεῖρας ἰέναι: "to fight hand to hand."
συμπλακέντας: "intertwined," i.e., "locked together" as in a wrestling hold. Aor. pass. pple. of συμπλέκω.

8.2 ὅ: direct object of συνιδών.
Πίνδαρος: Supposedly fined by Thebes for his praise of Athens, the lyric poet (518-438) had his fines paid by Athens (F 109).
ὅθι...ἐλευθερίας: fragment of a dithyrambic poem no longer extant.
'Αθαναίων: Doric for Attic 'Αθηναίων.
ἐβάλοντο...κρηπῖδ': "laid a foundation."
φαεννάν: poetic form of φαεινός, "brilliant."
ὄντως: "actually."

8.3 τῆς Εὐβοίας: "in Euboea," chorographic gen.

Ἑστίαιαν: a city on the north coast of Euboea.
αἰγιαλός: "beach."
ἀναπεπταμένος < ἀναπετάννυμι, "spread out."
ἀνταίρει: "rises opposite."
τῆς ὑπὸ Φιλοκτήτῃ γενομένης: "which once lay under the control of Philoctetes," a Greek hero of the Trojan War.

8.4 ἐπίκλησιν: adverbial acc., "by (cult) name."
Προσηῴας: "Proseoa," i.e., "facing toward the East."
πεπήγασιν: intransitive perf. of πήγνυμι, "fix, set in place."
κροκίζουσαν: "being like saffron."
ἀναδίδωσιν: "gives off, emits."

8.5 ἐλεγεῖον...τόδε: The attribution of the elegiac couplets to Simonides is probable but not certain.
παντοδαπῶν...Ἀρτέμιδι: The subject is παῖδες Ἀθηναίων, the main verb is ἔθεσαν.
γενεάς: "peoples," object of δαμάσαντες, < δαμάζω, "conquer."
ὤλετο < ὄλλυμι, "destroy," but in middle, "perish, come to an end."

8.6 τῆς ἀκτῆς: partitive gen., translate "on the shore."
κόνιν τεφρώδη: "ashlike powder."
καῦσαι δοκοῦσι: "they (the Persians) are thought to have burnt" (< καίω). See on δοκεῖ...ἀνελεῖν 1.3.

9.1 τῶν...ἀπαγγελλόντων: gen. with πυθόμενοι, "when they learned from those who..."
Θερμοπύλας: the major pass by which an enemy could penetrate southern Greece from the north, roughly opposite Artemisium.
Λεωνίδαν: the Spartan king who with his three hundred died defending the pass.
κεῖσθαι: "lay dead."
ἀνεκομίζοντο: "began to withdraw."
ἐπὶ πᾶσι: "behind all," i.e. as a rear guard. ἐπί with the dat. may denote succession or addition (S[1689.2c]).

Plutarch's Themistocles 45

μέγα...φρονούντων: "being high spirited, proud," with a dat. of cause.

9.2 κατάρσεις: "landing places."
ἐνεχάραττε < ἐγχαράττω, "carve."
τὰ ναυλόχια: "the stations for ships."
τὰς ὑδρείας: "the watering places."
ἐπισκήπτων: "enjoining," with the dat.
Ἴωσι: dat. of Ἴων. Athens was regarded as the parent city of the Ionian Greeks of the western coast of Asia Minor.
εἰ μὲν οἷόν τε: "if it were possible."
μετατάξασθαι: "to change their battle line," i.e., "to come over to join."
μεταστήσειν < μεθίστημι, "cause to change, desert."

9.3 τῆς Δωρίδας: Understand χώρας; in the central part of Greece between the Oeta and Parnassus mountains.
Φωκίδα: the only region in central Greece which had not medized.
πυρπολοῦντος: "wasting with fire."
προσήμυναν < προσαμύνω, "come to the aid."

9.4 μηδενός = οὐδενός in classical Greek.
περιεχομένων καὶ...ὡρμημένων: Supply πάντων, "all clinging to...and being eager."
δυσθυμία καὶ κατήφεια: "despair and dejection."

9.5 ὅ...μόνον: "that which alone."
ἀφέντας < ἀφίημι, "abandon."
ἐμφῦναι < ἐμφύω, "be rooted in, cling closely to."
μήτε σωτηρίαν ἐπιστάμενοι ... προϊεμένων: "not being assured of the safety of such men as abandon," i.e., by the very act of forsaking their sacred shrines, they thought they might bring destruction upon themselves. The article may be omitted before a generic participle (S[1130]).

10.1 ἔνθα δή: "it was then that."
μηχανήν: a stage device which created the illusion of a god descending from on high (deus ex machina).
ἄρας: aor. active pple. of αἴρω, "raise."

τοῦ δράκοντος: the guardian of the Akropolis who resided in the Erechtheion, a sanctuary dedicated to Athena among other deities.
σηκοῦ: "precinct, sacred enclosure," in the Erechtheion.

10.2 τὰς...ἀπαρχάς: "the offerings," properly "the first fruits."
λόγον διδόντος: "giving out as an explanation."
ἡ θεός: Athena.

10.3 τῷ...χρησμῷ: "by the well-known oracle" from Delphi which advised the Athenians to retire before the Persians and "find safety in the wooden wall." (Hdt.7.141).
δηλοῦσθαι: "signified."
τὴν Σαλαμῖνα: island in the Saronic Gulf close to Piraeus near which the Persians were defeated in 480. Referred to as "sacred" in the same Delphic oracle.
τὸν θεόν: Apollo, subject of καλεῖν.

10.4 παρακαταθέσθαι: "to deposit by, to entrust to."
μεδεούσῃ: epic form of present pple. of μεδέω, "protect, rule over," with gen.
τοὺς ἐν ἡλικίᾳ: "men of military age."

10.5 κυρωθέντος < κυρόω, "ratify."
ὑπεξέθεντο < ὑπεκτίθεμαι, "bring to a place of safety.
Τροιζῆνα: in Argolis in the eastern Peloponnesus.
δημοσίᾳ: "at public expense."
δύο ὀβολούς: for an Athenian laborer a low daily wage, but more than sufficient for the refugees.
τῆς ὀπώρας: "the fruit," partitive gen. The children were to be allowed to pick fruit without hindrance wherever they wished.

10.6 οὐκ ὄντων...Ἀθηναίοις: The reasons for the financial crisis are not known (F 120-1).
τὴν...βουλήν: "the council of the Areopagus," whose functions in part were to preside in cases of intentional homicide and serious religious infractions.
πορίσασαν < πορίζω, "furnish, provide."
Κλείδημος: earliest Atthidographer, i.e., historian of Attica (c.350).

Plutarch's Themistocles

10.7 τὸ Γοργόνειον: "the head of the Gorgon," adorning the breastplate of the cult image of Athena on the Acropolis.
διερευνώμενον < διερευνάω, 'search."
ἀνευρίσκειν: "kept finding." The inf. represents an impf.
ἀποσκευαῖς: "baggage" of private individuals.
ἐφοδίων: "money and provisions," gen. dependent on εὐπορῆσαι.

10.8 θαῦμα τῆς τόλμης: "amazement at the daring," objective gen.
αὐτῶν δ': "but they themselves,' i.e., the citizens sailing out.
ἀκάμπτων: "unbending, unflinching."
περιβολάς: "embraces."

10.9 πολύν: modifies ἔλεον, obj. of εἶχον.
τῶν ἡμέρων καὶ συντρόφων ζῴων: "the tame and domestic animals."
ἐπικλῶσα < ἐπικλάω, "move to pity."
γλυκυθυμία: "tenderness, affection."
ὠρυγῆς: "howling, barking."
συμπαραθεόντων < συμπαραθέω, "run along with."

10.10 ἀνασχόμενος < ἀνέχω, "hold up," in middle "hold one's self up, endure."
ἐναλέσθαι < ἐνάλλομαι, "leap in," with dat.
παρανηχόμενος < παρανήχομαι, "swim along beside."
ἐκπεσεῖν: "was cast ashore." ἐκπίπτω is used as the pass. of ἐκβάλλω.
λιποθυμήσας: λιποθυμέω, "faint, lose consciousness."

11.1 ταῦτά τε δὴ μεγάλα: "Without a doubt these were great exploits...but also." τε...καί here connects two clauses, the second of which is emphasized.
ψήφισμα: passed near the end of the archon year 480/1 (F 127).
ἐπὶ χρόνῳ: "for a (set) time." Ordinarily an ostracised person had to leave Athens for ten years.

τοῖς... μεθεστῶσιν: For the technical use of this expression see on μετέστησεν, 5.7.

11.2 αἴρειν: here intransitive, "get under way, set out."
ὅπου: "where."

11.3 τὰ μνημονευόμενα: "the memorable sayings" (< μνημονεύω, "remember").
φασι: indefinite, "they say."
γάρ: "for example."
τοὺς προεξανισταμένους: "those who start before (the signal is given)."
ῥαπίζουσι: "they beat, cane."
τὴν βακτηρίαν: "his staff," which Spartan kings carried as a symbol of authority.

11.4 ἀνῆγεν... λόγον: "tried to lead him up to his own proposal."

11.5 τοι: "mark my words, you know."
καταλελοίπαμεν: more forceful than the aor.
ἄπιτε: a fut. most vivid condition. In Attic εἶμι serves as the future of ἔρχομαι.
δεύτερον: Cf. 9.4.
πεύσεται: future of πυνθάνομαι, "learn."
τις: in a collective sense, "everybody, anybody." (S[1267]).

11.6 τοῦ Ἐρετριέως: either "the leader of the Eretrians" or "the Eretrian," as though he or this story were well-known to Plutarch's audience. In 490 Eretria in Euboea was handed over to the Persians by some of its own citizens (F 129-30).
ἦ γάρ: "What!" here adds a note of feigned surprise.
αἱ τευθίδες: The ancients believed the cuttlefish lacked a heart but had a sword-shaped cartilaginous structure (hence māxairan). καρδία in lyric poetry = courage, and so Themistocles was calling the Eretrians cowards (F 130).

Plutarch's Themistocles 49

12.1 ὑπό τινων: not Hdt.
καταστρώματος: "deck."
γλαῦκα < γλαῦξ, "owl," sacred to Athena and so portending a victory for the Athenians.
ὀφθῆναι < ὁράω.
διαπετομένην < διαπέτομαι, "fly through."
ἐπὶ δεξιᾶς: a propitious sign.
καρχησίοις: "masthead "
προσέθεντο: "they sided with, assented to."

12.2 τὸ Φαληρικόν: In this bay was the oldest port of Athens.
ἐξερρύησαν: "faded from memory," with gen.; aor. pass. of ἐκρέω, "flow out, melt away."
τῶν Ἑλλήνων: gen. of separation.
ἐπάπταινον < παπταίνω, "look timidly round, look anxiously toward "
ἄλλο τι: "something different," i.e. a proposal other than to set out for the Isthmus.
ἐδόκει: "it was seeming best (to them), they were on the point of deciding."

12.3 ἀπὸ τοῦ τόπου: "provided by... "
κατὰ πόλεις: "city by city."
πραγματείαν: "business, undertaking."

12.4 ἐκπέμπει: historical present to enliven narrative.
αἱρούμενος τὰ βασιλέως: "choosing the king's affairs," i.e., "taking the king's side."
ἐξαγγέλλει πρῶτος: "is the first to make known."
παρεῖναι < παρίημι, "allow," with dat.
ἐν ᾧ: "in which time, while."

12.5 διαζῶσαι < διαζώννυμι, "encircle."

12.6 καί: "actually."

12.7 τὴν ἄλλην: "the usual, the general."
τῆς... παρουσίας: gen. of cause with ἀγάμενος, "admiring."

συνεπιλαμβάνεσθαι: "to assist him in holding (back)," with gen.

12.8 ἐπῄει: impf. < ἔπειμι.
ἀπιστούντων: If the pronoun of a gen. absolute is easily suggested by the context, the pple. may stand alone.
Τενεδία: probably a mistake on Plutarch's part for Τηνία, "from Tenos," an island in the Cyclades (F 147 - 8).
καὶ θυμῷ: "although with anger."

13.1 ἅμα ἡμέρᾳ: the dawn of September 28, 480.
ἐποπτεύων < ἐποπτεύω, "look upon, observe."
τὴν παράταξιν: "the battle array."
Φανόδημος: 4th-century Atthidographer, especially interested in Athenian cults and myths.
τὸ Ἡράκλειον: "the sanctuary of Herakles."
Ἀκεστόδωρος: an obscure historian perhaps of the 3rd century who wrote a work περὶ πόλεων.
ἐν μεθορίᾳ τῆς Μεγαρίδος: "in the border (land) of Megara," a location much too distant from which to view the battle.
τῶν ... Κεράτων: twin peaks on the shore opposite Salamis.
δίφρον: not a heavy "throne" but a portable "stool" (F 149).

13.2 παρὰ τὴν ναυαρχίδα τριήρη: "alongside the admiral's flagship."
σφαγιαζομένῳ: "sacrificing."

13.3 ἅμα μὲν...ἅμα δέ: "partly...partly."
πταρμὸς ἐκ δεξιῶν: A sneeze was generally regarded as a good omen, all the more so when it came from the propitious right.
δεξιωσάμενος: "greeting with his right hand," to congratulate him on the auspicious signs.
κατάρξασθαι: "make a beginning of a victim, consecrate him for sacrifice."
καθιερεῦσαι: "sacrifice, offer."
Ὠμηστῇ Διονύσῳ: "Dionysus Raweater." The rending of animal victims and eating of raw flesh were practices associated with Bacchic celebrations.

Plutarch's Themistocles 51

13.4 ἐκ τῶν παραλόγων: "from irrational measures."

13.5 Φανίας ὁ Λέσβιος: The writer from Lesbos often engaged in the melodramatics of so-called tragic historiography. This story of human sacrifice is probably to be discounted (F 150).

14.1 ὡς ἂν εἰδώς: Supply λέγοι, "as (he could say) knowing," i.e., "as one who was in a position to know." Aeschylus himself probably fought at Salamis at about age 45.
διαβεβαιούμενος: "being positive."
ἐν...Πέρσαις: produced in 472 and thus the earliest literary evidence for Salamis.
ταῦτα: words expressed to Xerxes' mother by a Persian messenger who survived the battle.
Ξέρξῃ: dat. of possession.
καὶ γάρ: "and indeed " Adds a new thought, καί here being a conjunction, γάρ an adverb.
αἱ δ' ὑπέρκοποι τάχει: The faster ships are contrasted with the bulk (πλῆθος) of the fleet. The total then is 1207 not 1000 (F 151).
ὧδ' ἔχει λόγος: "such is the count."

14.3 δοκεῖ: followed by two pples. in sense like an inf. in indirect discourse.
καιρόν: This anecdote of weather predictions is probably unhistorical (F 154).
συνιδών < συνοράω, "comprehend, make out, pick out."
φυλάξας μή: "having taken care not to ..." μή introduces an object inf. after φυλάττειν, a verb of effort.
πρότερον...ἤ: "until," with acc. and inf.
εἰωθυῖαν: "usual," perf. active pple.
λαμπρόν: here "strong."
κατάγουσαν: modifies ὥραν.
ἀλιτενεῖς: "flat," and so not offering much resistance to the wind But Hdt. claims that the lighter Persian ships fared better.
οὔσας: "since they were."

ταῖς τε πρύμναις ἀνεστώσας < ἀνίστημι "rising in respect to their sterns," i.e., "high-sterned "
ἐπιφερομένας: "being rushed upon, struck" by the sea.
ἔσφαλλε < σφάλλω, here "throw on beam ends," i.e. "turn broadside." The subject is τὸ πνεῦμα.
κατ' ἐκεῖνον: "(stationed) opposite him."
'Αριαμένης: a hero of popular romance rather than one of the four historical admirals of the Persian fleet (F 155-6).
πολύ: "by far," adverbial acc.

14.4 'Αμεινίας ὁ Δεκελεύς καὶ Σωκλῆς ὁ Παλληνεύς: The names of both men are accompanied by their demotics. Amenias of Dekelea was sometimes erroneously identified as the brother of Aeschylus.(F 156-7).
τοῖς χαλκώμασιν: "with the bronze beaks" of the ships designed for ramming.
ἐνεσχέθησαν: "became entangled, were caught," < ἐνέχω.
ἐπιβαίνοντα τῆς αὐτῶν τριήρους: "as he was setting foot upon their trireme."
διαφερόμενον: "being tossed about."
'Αρτεμισία: The Queen of Halicarnassus and subject of Xerxes was one of his commanders on his expedition against the Greeks.
γνωρίσασα < γνωρίζω, "identify."

15.1 ἐν τούτῳ: "at this stage."
'Ελευσινόθεν: "from Eleusis" on the north shore of the bay of Salamis. The ending -θεν denotes place from which.
ἦχον < ἦχος, later form of ἠχή, "sound, noise."
τὸ Θριάσιον...πεδίον: so named after the Attic deme Thria.
κατέχειν: "filled "
τὸν μυστικὸν..."Ιακχον: "the mystic Iacchus," the Eleusinian Dionysus.
φθεγγομένων: here "celebrating (in song)." < φθέγγομαι, "utter a sound."
ὑπονοστεῖν καὶ κατασκήπτειν: "to settle and fall upon."

Plutarch's Themistocles 53

15.2 **Αἰακίδας**: "Aeacids," i.e., the descendants of Aeacus, king of Aegina; among these were Peleus, Achilles' father, and Telamon, father of Ajax whose home was Salamis.
παρακεκλημένους: "who had been invoked," perf. pass. pple. of παρακαλέω. Perf. of dated past action is sometimes used, much like the aor., when the past action is specifically dated, here by πρὸ τῆς μάχης (S[1949]).

15.3 **πρῶτος**: Lykomedes actually took the first ship at Artemisium. See on 1.4 (F 159).
Δαφνηφόρῳ: "wearer of the laurel crown."

15.4 **ἐξισούμενοι** < ἐξισόω, "make equal."
κατὰ μέρος: "part by part," i.e., "by detachments."
ὥσπερ εἴρηκε Σιμωνίδης: Presumably Plutarch is paraphrasing, since the fragment cannot be analysed metrically.
περιβόητον: "much talked of, celebrated."
ἧς: gen. of comparison.
"Ελλησιν...βαρβάροις: datives of agent.
ἐνάλιον: "on the sea."

16.1 **μετὰ δὲ τὴν ναυμαχίαν**: Plutarch's account of what happened after the sea fight differs substantially from that of Hdt. In general, the sources here are confused and contradictory (F 160-1).
ἔτι...ἀπότευξιν: "still being angry with (or fighting desperately against) his failure," i.e., unable to accept it.
διὰ χωμάτων: The king had already decided to retreat according to Hdt., and the "moles" or "break-waters" were designed to retard Greek pursuit.
τοῖς "Ελλησιν: dat. with the prefix in ἐπάγειν.
ἐμφράξας < ἐμφράσσειν, "bar the passage of, block up." The aor. pple. here expresses action coincident with that of the main verb.

16.2 **ἀποπειρώμενος**: "making a trial of, testing, sounding out."
Ἀριστείδου: Eurybiades, the Spartan commander, according to Hdt.
λόγῳ γνώμην ἐποιεῖτο: "in word (but not in fact) made a proposal," i.e., "in pretense proposed."

54 David J. Ladouceur

τὸ ζεῦγμα: "the bridge" of ships by which Xerxes and his forces had crossed the Hellespont.
ταῖς ναυσίν: "with the ships," dat. of military accompaniment.

16.3 τρυφῶντι < τρυφάω, "revel, carouse, luxuriate."
σκιάδι: "canopy."
ἐφ' ἡσυχίας: "at leisure."
πᾶσιν: neuter gender.
ἐπανορθώσεται < ἐπανορθόομαι, "correct, set right."
τῶν ὅλων: "his all," i.e., "his whole welfare at stake."

16.4 τὸν ἄνθρωπον: "this fellow," contemptuous in tone.
ὥρα: Supply ἐστι, "(now is the right) time."
ἀπαλλαγήσεται < ἀπαλλάσσω, "will go away, depart," fut. indicative in an object clause after verbs of effort (S[2210-11]).

16.5 ἔπεμπε: not "was sending," but simply "sent." Unlike English, Greek verbs of sending are sometimes regarded as inherently impf since the completion of their action requires further action by another agent (S.[1891]).
τῶν βασιλικῶν εὐνούχων: and so a confidant of the king.
ἀνευρών: aor. pple. of ἀνευρίσκω, "find, discover."
κεκρατηκότας: logically but not grammatically modifies τοῖς Ἕλλησι, which is also understood as the (acc.) subject of ἀναπλεῖν.
κηδόμενος: "being concerned for," with gen.
τὴν αὐτον: "his (land)." The mss add θάλατταν, which is nonsense.

16.6 πεῖραν...παρέσχεν: "presented proof, was justified."
φρόνησις: "insight, way of thinking."
ἐν: "in the case of "
εἴγε: "seeing that."
πολλοστημορίῳ: "with a (mere) fraction," dat. of association after διαγωνισάμενοι.
Πλαταιᾶσιν: "at Plataea," locative.
εἰς τὸν...κίνδυνον κατέστησαν: "they came into the state of danger..."

Plutarch's Themistocles 55

17.1 μὲν οὖν: μέν is prospective and helps to point the contrast between πόλεων (partitive gen.) and the man Themistocles. οὖν is continuative, "so then."
ἀριστεῦσαι: "gained the highest distinction for bravery."
τὸ πρωτεῖον: "the first place."
ἅπαντες: "every last one of them," emphatic by position. Probably an exaggeration on Plutarch's part (F 166).

17.2 ἀπὸ τοῦ βωμοῦ: "from the altar" of Poseidon in his sanctuary on the Isthmus. A grave method of voting since the god himself was supposed to be officiating.
πρῶτον: masc.

17.3 αὐτὸν καταγαγόντες: According to Hdt., he came on his own "wishing to be honored "
ἀριστεῖον: "reward."
θαλλοῦ: "branch (of olive)."
τριακοσίους τῶν νέων: an elite corps who, as a bodyguard, escorted the Spartan king on campaigns.

17.4 Ὀλυμπίων τῶν ἑξῆς ἀγομένων: "when the next Olympic games were being held" in 476.
κροτοῦντας < κροτέω, "clap, applaud "
ὥστε ὁμολογῆσαι καὶ αὐτὸν... : "so that he too acknowledged." ὥστε with the inf. here expresses actual result since the clause is in indirect discourse and ultimately dependent on λέγεται.
ἀπέχειν: "receive in full."
αὐτῷ: dat. of agent with the aor. pass. πονηθέντων.

18.1 καὶ γάρ: "and in fact." καί here is a conjunction, γάρ, a confirmatory adverb.
τῶν ἀπομνημονευομένων: "what is recorded " A series of character anecdotes follows, probably all of which are fictitious (F 170).
γάρ: "for example," explanatory γάρ.
ναύαρχος: "admiral, commander of the fleet," one of the ten generals.
κατὰ μέρος: "by parts," i.e., successively, one thing at a time.
ἐχρημάτιζεν: "carried on business."

ἀνεβάλλετο < ἀναβάλλω, in middle, "put off, delay."
ὁμιλῶν < ὁμιλέω, "converse with, have dealings with," plus dat. of association.

18.2 τῶν δὲ νεκρῶν: the Persian dead after the battle of Salamis.
τοὺς ἐκπεσόντας: "those who had been cast ashore."
περικειμένους: "having round them, wearing."
ψέλια...στρεπτούς: "bracelets...necklaces."
ἀνελοῦ· aor. imperative middle (< ἀναιρέω), "take up for yourself."

18.3 τῶν καλῶν γεγονότων: "born with good looks."
ὑπερηφάνως: "arrogantly."
ὀψὲ μέν: i.e., "even though late."
νοῦν ἐσχήκαμεν: "we have come to our senses."

18.4 πλατάνῳ: "plane tree," known for its spreading, protective branches. Dat. with ὑποτρέχειν, "run under."
εὐδίας: "fair weather."
τίλλειν καὶ κολούειν: "pluck and clip."
Σεριφίου: from Seriphos, one of the smallest Cycladic islands in the Aegean Sea. The proverbial "Nowheresville."

18.6 ἑτέρου...τινος: There were exactly ten generals, but ἕτερος need not always refer to "the other of two."
θρασυνομένου: "bragging."
ἀντιπαραβάλλοντος: "opposing."
τὴν ὑστεραίαν: "the day after (the feast)."
κοπώδης: "wearying."
αὐτῇ = ἑαυτῇ.
ἀπολαύουσι < ἀπολαύω, "enjoy, have the benefit of"
εἰπεῖν: depends on ἔφη (above).

18.7 τὸν ... υἱόν: subject of δύνασθαι.
ἐντρυφῶντα: "lording it over," with dat.

18.8 ἴδιος...τις: "quite eccentric, different." The indefinite may strengthen or weaken an adjective's force (S[1268]).
πᾶσι: probably masculine.

Plutarch's Themistocles 57

καί: "also," or better loosely "in the bargain."
ἔχει: Subject is χωρίον.

18.9 μνωμένων: "courting" (< μνάομαι.)
ἐπιεικῆ: "capable" or perhaps "good" in a moral sense.
προκρίνας < προκρίνω, "prefer, choose before," with gen. of comparison.
ἀποφθέγμασι: "pointed sayings."

19.1 γενόμενος ἀπὸ: "after he was done with ..."
ἀνοικοδομεῖν < ἀνοικοδομέω, "rebuild."
Θεόπομπος: 4th-century historian among whose writings was a continuation of Thucydides' history.
ἐναντιωθῆναι· < ἐναντιόομαι, "oppose, stand in the way."
τοὺς ἐφόρους: "the ephors," five annually elected Spartan magistrates who combined judicial, executive and disciplinary powers.
οἱ πλεῖστοι: among whom is Thucydides (1.90). Understand φασί.
παρακρουσάμενος < παρακρούω, in middle, "mislead, deceive."

19.2 ὄνομα πρεσβείας ἐπιγραψάμενος: "having assumed the title of ambassador,": i.e., pretending officially to be an ambassador.
Πολυάρχου ... ἐξ Αἰγίνης: For the hostility between Aegina and Athens, see on 4.1.
ἐπίτηδες: "purposely."
ἐμβάλλων: lit. "throwing in," but here "gaining."
ὑπάρχειν: "to belong to, be in the power of," with dat.

19.3 τὴν ... εὐφυΐαν: "natural goodness, favorable situation."
There were three harbors, Kantharos, Zea, Munychia.
ἁρμοττόμενος: "attaching."
τρόπον τινά: adverbial acc., "in some way."
ἀντιπολιτευόμενος: "pursuing opposite policy."

19.4 πραγματευόμενοι: "striving."
ἀποσπάσαι < αποσπάω, "draw away."

Ἀθηνᾶς: a contract noun in α (S[227]).
τὴν μορίαν: the sacred olive, a symbol of Athena's ownership of the land, as opposed to Poseidon's token, a salt spring near the Akropolis.
τοῖς δικασταῖς: either other gods or the inhabitants of Attica, depending on the variant of the myth.
Ἀριστοφάνης: comic poet, contemporary of Socrates.
προσέμαξεν < προσμάσσω, "stick...to."
ἐξῆψε < ἐξάπτω, "tie to."

19.5 **κελευστάς:** "helmsmen."
τῶν ἀριστῶν: "the nobles" as opposed to ὁ δῆμος.

19.6 **Πυκνί** < Πνύξ, since the time of Kleisthenes the meeting place for the Athenian popular assembly.
ὕστερον: modifies ἀπέστρεψαν.
οἱ τριάκοντα: "The Thirty," tyrannical oligarchs who seized power in Athens after the Peloponnesian War and ushered in a reign of terror against the democrats.

20.1 **περὶ τῆς ναυτικῆς διενοήθη δυνάμεως:** The adjective and its noun are separated by the verb perhaps to draw attention to these two words or to create a cadence, artistic by ancient standards. The precise effect of this hyperbaton, found even in the popular language of the papyri, is no longer easily ascertainable.
διενοήθη < διανοέομαι, "purpose, have in mind "
κατῆρεν: "had put in, had landed," from καταίρω. After ἐπεί the Greek aor. is gen-erally equivalent to the English plupf.
Παγασάς: Pagasae, a town in Thessaly.
ἀπόρρητον: "not to be spoken," i.e., "which he could not divulge."

20.2 **κἄν** = καὶ ἄν, "and if."
τὸ νεώριον: here "dockyard "
τῆς πράξεως: gen. of comparison.
μηδεμίαν...ἀδικωτέραν: the point of the probably fictitious, rhetorical anecdote - the claims of justice versus expediency. Burning the rest of the Greek fleet would guarantee Athens' naval supremacy (F 179).

Plutarch's Themistocles 59

20.3 τοῖς Ἀμφικτυονικοῖς συνεδρίοις: "the Amphictyonic conventions." Representatives of twelve tribes met twice a year alternately at Delphi and Thermopolae, originally for religious purposes, later for political and social reasons as well.

εἰσηγουμένων ὅπως: "introducing (a proposal) that."

αἱ μὴ συμμαχήσασαι...πόλεις: "any cities which had not entered the alliance." The participle is ingressive aor. and, with μή, generic or conditional. Nine of the twelve tribes had medized.

φοβηθεὶς μή: "(Themistocles) fearing lest (the Spartans)."

Θετταλοὺς...Θηβαίους: The Thessalians and Thebans had medized. The Argives remained neutral.

τὸ δοκοῦν ἐκείνοις: "whatever seemed best to them," subject of γένηται.

συνεῖπε: "spoke on behalf of "

τῶν πυλαγόρων: "the deputies" who represented the Greek states at the Amphictyonic conventions.

20.4 ἐπὶ...ἔσται: "will be dependent on."

προσέκρουσε < προσκρούω, "have a collision with, give offense."

προῆγον: "they were for advancing, they wanted to advance," desiderative impf.

ἀντίπαλον: "as a counterbalance."

21.1 ἐπαχθής: "offensive."

τὰς νήσους: allies of Athens after 477/6.

χρηματιζόμενος: "enriching himself"; Cf. 5.1. Contrary to Plutarch, Themistocles' extortion occurred before the islands formed alliances with Athens. In that earlier time most of the island states had medized and thus were suitable victims (F 180-1).

οἷα: "the sorts of things which," i.e., "for example, what." Direct object of εἰπεῖν τε καὶ ἀκοῦσαι: "both said and had said to him."

Ἀνδρίους: "the inhabitants of Andros," an Aegean island.

21.2 κωλύεσθαι: "they were prevented," inf. for indicative by attraction to εἶναι (S[2631]).

21.3 **Τιμοκρέων**: 5th-century lyric poet and athlete from Ialysos on the island of Rhodes. Exiled for medizing.
καθάπτεται: "assails, attacks," with gen.
αὐτόν: Timokreon.

21.4 **ἀλλ' εἰ...γενέσθαι**: The dialect is Doric, the meter, dactylo-epitrite, which is common in songs of praise (Raven 52-5). The scheme "Others may praise A, B, C but I praise D" is conventional.
τύ = Attic σύ
Παυσανίαν: Spartan general who defeated the Persians at Plataea in 479.
Ξάνθιππον: father of Pericles; he commanded the Athenians at the naval battle of Mycale in 479.
Λευτυχίδαν: Spartan king who commanded combined forces at Mycale. The form = Attic Λευτυχίδην. Note also Ἀριστείδαν and below Λατώ, ψεύσταν, προδόταν, κατᾶγεν, ἔβα.
ἐγὼ δ': "then I, for my part." Inferential δέ used in the apodosis of a conditon (S[2837]).
ἱερᾶν ἀπ' Ἀθανᾶν = Attic ἱερῶν ἀπ' Ἀθηνῶν.
ἕνα λῷστον: ἕνα intensifies λῷστον, a superlative of ἀγαθός.
ἤχθαρε < ἐχθαίρω, "hate, detest."
Λατώ: Leto, like her son Apollo, was a hater of falsehoods.
ξεῖνον ἐόντα = ξένον ὄντα.
κυβαλικοῖσι = Attic κυβαλικοῖς, "suitable to a scoundrel, scandalous."
πλέων εἰς ὄλεθρον: "sailing off to perdition (I hope)."
ὑπόπλεως: nom. sing. masc., "full, filled underhandedly."
Ἰσθμοῖ: locative of Ἰσθμός; a reference to the Isthmian games held every two years at Corinth.
πανδόκευε: The augment is omitted. The occupation of innkeeper was considered contemptible.
οἱ δ' ἦσθιον...γενέσθαι: The sardonic quality of the original may thus be rendered, "All the while on his food they fed/ they prayed that Themistocles might drop dead."
κηὔχοντο = καὶ ηὔχοντο (< εὔχομαι).

Plutarch's Themistocles 61

21.5 ἀσελγεστέρᾳ: "more brutal, outrageous."
ἀναπεπταμένῃ: "explicit, brazen."

21.6 Μοῦσα...δίκαιον: trochaic dimeters (Raven 35-6).
Μοῦσα is voc.; μέλεος, gen. of μέλος ("song"), depends on κλεός. τίθει is imperative. Supply ἐστι after ἐοικός (=εἰκός).

21.7 φυγεῖν: "to have been banished "
συγκαταψηφισαμένου< συγκαταψηφίζομαι, "concur in condemning."
οὐκ...ἀλώπεκες: iambic and trochaic meter (Raven 27-43).
ἄρα: "after all, as it turns out."
ὁρκιατομεῖ: "cut oaths," i.e., "conclude a treaty."
ἐντί = Attic εἰσί.
κόλουρις: "dock-tailed," i.e., "that has had its tail clipped "

22.1 καὶ τῶν πολιτῶν: "his (fellow) citizens, too." He had already offended the Spartans and the allies.
προσιεμένων: "accepting, believing," < προσίημι.
τῶν...πράξεων: with μνημονεύων.
ἐν τῷ δήμῳ: "in the popular assembly."
κοπιᾶτε < κοπιάω, "grow weary."
εὖ πάσχοντες: εὖ πάσχω serves as the passive of εὖ ποιέω.

22.2 ἠνίασε < ἀνιάω, "annoy, distress."
εἰσάμενος: "having set up (and dedicated)," aor. middle: pple. of ἵζω.
Μελίτη: Melite, a deme in southeastern Athens.
οἱ δήμιοι: "the public executioners," who were state slaves.
βρόχους τῶν ἀπαγχομένων: "nooses of those hanged." The reference may be to either condemned persons or suicides.
καθαιρεθέντων < καθαιρέω, "condemn," or perhaps here in a technical sense "take down" after execution.
ἐκφέρουσιν: The subject is an indefinite "they."

22.3 ἔτι καθ' ἡμᾶς: "still in our day."

τις...ήρωικός: "quite heroic."

22.4 τὸν ... ἐξοστρακισμὸν ἐποιήσαντο: The date is uncertain (472 ±1) (F 187-92).
ἐπὶ πάντων: "in the case of all."
κόλασις...παραμυθία...κουφισμός: predicate nouns.
ἡδομένου: dependent upon φθόνου and itself governing the dat. articular infinitive.
ἀποπνέοντος < ἀποπνέω, "blow off, get rid of ."

23.1 τῆς πόλεως: gen. of separation.
Ἄργει: Argos in the eastern Peloponnesus was an old rival of Sparta.
τὰ περὶ Παυσανίαν συμπεσόντα: "what occurred in relation to Pausanias, the Pausanias affair." The Spartan general was denounced for collusion with the Persians.
ὁ δὲ γραψάμενος αὐτὸν προδοσίας: "the man who indicted him for treason." The verb takes the acc. of the person accused and gen. of the crime.
Λεωβώτης ὁ Ἀλκμαίωνος: The Alcmeonidae were a politically important Athenian family.
Ἀγρυλῆθεν: an apparent misspelling for Ἀγρυλῆθεν, "from (the deme) Agryle."

23.2 ἐκεῖνα δή: Both words imply that Pausanias' actions were well known to Plutarch's audience.
ἐθάρρησεν: "he felt confident." The aor. is ingressive and represents entry into a state of confidence.
γράμματα τοῦ βασιλέως: Pausanias offered to marry the king's daughter and bring Sparta and Hellas under Persian control (Thuc. 1.12.9).

23.3 ἀπετρίψατο < ἀποτρίβω, "brush away, reject."
ἀπείπατο: The second aor. εἶπον also has forms with α.
κατεμήνυσε < καταμηνύω, "make known."
καταφανῆ: agrees with Παυσανίαν, the understood subject.
ὀρεγόμενον: "reaching after, grasping at."

23.4 θανατωθέντος: He starved to death after being locked up in the very temple to which he had fled for refuge.

Plutarch's Themistocles 63

23.5 ἄρχεσθαι...μὴ πεφυκώς: "not born to be ruled," i.e., not so constituted.
οὐκ ἄν ποτε...αὑτὸν...ἀποδόσθαι: indirect discourse dependent on ἔγραψεν understood, "that he would never have delivered himself up (like a slave)."

23.6 οὐ μὴν ἀλλά: "nevertheless."
οἷς εἴρητο: lit., "to whom it had been commanded" i.e., "who had been commanded"
ἐν τοῖς "Ελλησιν: before not merely the Athenians, but some panhellenic tribunal.

24.1 Κέρκυραν: Corcyra (modern Corfu), an island off the northwestern coast of Greece, remained neutral in the Persian wars.
διεπέρασεν < διαπεράω, "cross over."
οὔσης...εὐεργεσίας: As a benefactor, he may have been entitled to the right of asylum.
κριτής: "arbiter."
καταβαλεῖν: "to pay (as a settlement)," aor. infinitive.
Λευκάδα: an island off the west coast of Greece.
νέμειν: Note the durative aspect of the present in contrast to the preceding aor. καταβαλεῖν.
ἀμφοτέρων ἄποικον: The legacy of Corcyra's claims on Leukas is obscure since the ancient sources regard Corinth as the mother city (F 202-3).

24.2 Ἤπειρον: Epirus, a region in northwestern Greece.
Μολοσσῶν: a tribal state in Epirus.
δεηθεὶς δέ τι τῶν Ἀθηναίων: acc. of object asked for, gen. of person asked. Admetus had requested an alliance with Athens.
προπηλακισθείς < προπηλακίζο, "trample in the mud, treat with disrespect."
δι' ὀργῆς εἶχεν: "he was angry with."
δῆλος ἦν...τιμωρησόμενος: "it was clear that he would avenge himself," personal construction.

24.3 **ὀργῆς**: gen. of comparison.
φέρων: here idiomatically has the force of a modal adverb expressing impulsive, willful action (S[2062.a]).
παρηλλαγμένον: "unusual, extraordinary."

24.4 **ἀναντίρρητον**: "not to be opposed, irrefutable."

24.5 **ἔνιοι**: among whom is Thucydides.
ὡς ἀφοσιώσαιτο ὤτὴν ἀνάγκην: "that he might use religious scruples as an excuse." Admetus probably did feel under some constraint given the prevailing rigidity of tribal codes (F 200). ὡς for ἵνα is rare in most Attic prose.

24.6 **αὐτῷ**: Themistocles.
ἐπὶ τούτῳ: "for this act," which involved illegal transportation of confiscated money which at that time belonged to the state.

24.7 **οὐκ οἶδ' ὅπως**: "I know not how, somehow or other."
τούτων: i.e., that Themistocles was still married and that his wife had been recently conveyed out of Athens to him.
Ἱέρωνος: tyrant of Syracuse in Sicily (478-472).

25.1 **Θεόφραστος**: scholar who succeeded his teacher Aristotle as head of the Lyceum.
ἐν τοῖς Περὶ βασιλείας: "in his writings 'On Monarchy'," which are no longer extant.
ἵππους ἀγωνιστάς: "racehorses."
σκηνήν τινα: "a tent of sorts," i.e., no ordinary tent but more like a pavilion. See on ἴδιος...τις, 18.8.

25.2 **τὴν ἑτέραν...θάλατταν**: the Aegean east of Epirus as opposed to the Ionian west of that country.
ἀπὸ Πύδνης: with ἐκπλεῦσαι. Pydna is a town in southern Macedonia.
εἴη: optative in indirect question after εἰδότος.
τῶν πλεόντων: partitive gen. with οὐδενός.
πνεύματι: dat. of means.
τῆς ὁλκάδος: "the transport."

Θάσον: The northern Aegean island was first seized by the Persians but later came under Athenian control against which it revolted twice.
ἀναδείξειεν... ἀναγκάσειε: optative in indirect discourse with μέχρι οὗ, "until."
τὰ μέν... τὰ δέ: adverbial "partly...partly, one minute...another."
ἀναλάβοιεν: indirect discourse after καταψεύσοιτο, itself depending on λέγων.
παραπλεῦσαι: Supply Θάσον.
λαβέσθαι: "to lay hold of, reach," with gen.

25.3 ὑπεκκλαπέντα < ὑπεκκλέπτω, "carry off secretly."
συναχθέντων εἰς τὸ δημόσιον: Condemnation for treason resulted in confiscation of one's wealth.
τριῶν... ταλάντων: not a small sum by 5th century standards (F 208-9).
πρὶν ἅπτεσθαι τῆς πολιτείας: i.e., "before he engaged in public life."

26.1 Κύμην: a city in Aeolis on the western coast of Asia Minor.
τῶν ἐπὶ θαλάττῃ: "of the inhabitants of the coast."
λαβεῖν: "so as to seize," inf. of purpose.
τοὺς περὶ Ἐργοτέλη καὶ Πυθόδωρον· See on 7.6. Nothing else is known of these two bounty hunters.
τοῖς γε: "at least for those, at least as far as those are concerned," with pple. ἀγαπῶσι.
ἀπὸ παντός: "from everything," i.e., "from any source," not caring how they earned their money.
ἐπικεκηρυγμένων < ἐπικηρύσσω, "an-nounce, set a price on someone," with dat.
ἐκέκτητο: "was in possession of," plupf. of ktāomai.
τοῖς ἄνω δυνατοῖς: "the powerful men of the upland, interior," i.e., the nobles of the Persian court.

26.2 μετὰ τὸ δεῖπνον ἐκ θυσίας: A lavish dinner followed a sacrifice.
ἔκφρων: i.e., in a state of religious ecstasy.
θεοφόρητος: "possessed by a god."
ἐν μέτρῳ: trochaic tetrameter catalectic (Raven 34).

ταυτί: The deictic suffix -ι adds emphasis to a demonstrative.

26.3 Νυκτὶ...δίδου: lit. "give voice to night, plan to night, the victory to night." The sense of the line is: allow your plans to be guided by your nocturnal dreams and you will prevail.
ὄναρ: "in a dream," adverbial acc.
περιελιττόμενον: "coiling around "
προσανέρποντα: "creeping up to."
τῷ τραχήλῳ: "his neck."
γενόμενον: τὸν δράκοντα is the understood subject.
ἀετόν: Since the eagle was the emblem of the Persian king, a possible interpretation of the dream would be that he should seek safety with him. As the serpent was transformed, so too would be Themistocles' circumstances.
πολλὴν ὁδόν: "a great distance," adverbial acc.
κηρυκείου: "herald's staff."

26.4 πέμπεται: from Aegae to the court of the Persian king.
δ' οὖν: "be that as it may." Plutarch does not commit himself to the truth or falsity of the dream story.
τὸ πολύ: "the greater number, most."
εἰς ζηλοτυπίαν· "with respect to jealousy."

26.5 τὰς ἀργυρωνήτους: "those bought with silver," i.e., "slaves."
παλλακευομένας < παλλακεύομαι, "be a concubine."
ὡς...ὁρᾶσθαι: after παραφυλάττουσιν, a verb of caution.
διαιτᾶσθαι < διαιτάω, in middle and passive, "live, lead one's life."
ὁδοιπορίαις: "journeys."
περιπεφραγμένας < περιφράσσω, "fence around, enclose."
ἁρμαμαξῶν: "covered carriages."
ὀχεῖσθαι: "to be carried," < ὀχέω.

26.6 ἀπήνης: "(four-wheeled) wagon."
γύναιον: The diminutive may express affection ("little woman") or contempt ("wench").
τῶν ἐπὶ θύραις βασιλέως: high officials at the Persian court, since they controlled access to the king.

Plutarch's Themistocles 67

27.1 **Χάρων ὁ Λαμψακηνός:** a historian from Lampsacus in Asia Minor. A contemporary of Themistocles, he wrote on Persia among other subjects.
τὸν υἱὸν αὐτοῦ: Artaxerxes I (464-425).
Ἔφορος: 4th-century historian from Cyme who wrote a universal history in 30 books.
Δείνων, Κλείταρχος, Ἡρακλείδης: 4th-century historians whose works for the most part have been lost.

27.2 **τοῖς...χρονικοῖς:** Supply βιβλίοις, "the chronological records."
συμφέρεσθαι: "to agree with, tally with."
οὐδ' αὐτοῖς ἀτρέμα συντεταγμένοις: "not even themselves in a precise state of arrangement," i.e., "which themselves do not agree with one another."
γενόμενος παρ' αὐτὸ τὸ δεινόν: "having come into the danger itself "
Ἀρταβάνῳ: killed Xerxes and was himself killed when he tried to assassinate Artaxerxes.
τῷ χιλιάρχῳ: "commander of a thousand men," a literal translation of the Old Persian hazarapatish, a high office in Persian administration since it involved control of the king's bodyguard and admitting embassies and petitioners.

27.3 **ἄλλα ἄλλοις:** "(some things to some), other things to others," i.e., "different things to different men."

27.4 **λόγος:** "(there is) a report, it is reported."

27.5 **προσκυνεῖν:** involved bowing before the king and kissing the ground. To the Greeks, the practice was the very symbol of oriental despotism.
ἔστι: "it is possible."
ἀγγέλοις ἑτέροις: "others as messengers."
χρήσῃ: The fut. indicative may express a command (S[1917]).
μὴ προσκυνήσαντος: With μή the pple. is probably conditional, "unless he has prostrated himself." But cf. 5.4.

27.6 **ἀλλ':** "well but." (S [2784]).

27.7 **ἀφῖχθαι:** perf. infinitive of ἀφικνέομαι.
φῶμεν: "are we to say," deliberative subjunctive.

ἄν...πύθοιτο: here expresses what should properly happen in the future, almost a command (S[1824]).

27.8 Ἐρατοσθένης: versatile and prolific scholar, head of the library of Alexandria (c.275-194).
Ἐρετρικῆς: "of Eretria," a Greek city on the south coast of Euboea.
εἶχε: "had (as wife)."
σύστασιν: "introduction."

28.2 σοι: dat. of advantage, not simply "to you" but "to your advantage." This speech occurs in Thucydides as a letter addressed to Artaxerxes.
κωλύσαντι: causal pple., dat. after ᾧ. For Themistocles' actions, see 16.5.
ἐν ἀσφαλεῖ: "in a safe (state)," i.e., "safe."
τὰ οἰκεῖα σφζόμενα: "my own things being preserved," i.e., "the secure condition of my own land"; subject of παρέσχε.

28.3 πάντα: subject of ἐστι.
τε...καί: i.e., "either...or."
διαλλαττομένου...μνησικακοῦντος: "of one being reconciled...of one remembering old injuries." The pples. are used substantively with indefinite reference for polite and diplomatic effect.

28.4 ὧν = τούτων ἅ.
ἀπόχρησαι < ἀποχράομαι, "avail oneself of, use to the full."
ἀποπλήρωσιν: "fulfillment."

28.5 ἐπεθείασε < ἐπιθειάζω, "call upon in the name of the gods." Here, "add the corroborating witness of the gods to."
ἐν Νικογένους: οἰκία may be omitted after ἐν, εἰς and sometimes ἐξ.
Δωδωναίου: "of Dodona" in Epirus where the oldest Greek oracle was situated.
τὸν ὁμώνυμον: "the namesake, the one who is like."
συμφρονήσειε: "understood, came to the conclusion," a post-classical word.

28.6 ὡς ἐπ': "because of what he viewed as."

'Αρειμάνιον: In the cosmic dualism of Zoroastrianism, the principle of evil, Ahriman, was opposed to that of good, Ahura Mazda.

29.1 τοὺς ἐπὶ θύραις...διακειμένους...λέγοντας: explains ἐξ ὧν, "(namely that) those at the doors..." The verb "to see" denotes physical perception and so takes the pple.

29.2 ὁ χιλίαρχος: either military "commander of a thousand men" or Plutarch may also have mistakenly combined two versions of the story which named both Xerxes' and Artaxerxes' chiliarchs, since there was only one such official at the Persian court.
ὡς...προσιών: "when Themistocles, in his progress (toward the king), was opposite him (Roxanes)."
ἀτρέμα: "under his breath."

29.3 οὐ μὴν ἀλλ': "nevertheless," despite his initial misgivings.
διακόσια τάλαντα: Cf. 26.1.
παρρησιαζόμενον: "speaking freely," agrees with the subject of λέγειν.
τοῦ ἀνθρώπου: generic with λόγον.

29.4 τοῖς ποικίλοις στρώμασιν: "multi-colored couch coverings." "Oriental carpets" retains the idea.
συστελλόμενον < συστέλλω: "draw together, roll up," refers here to the need for an interpreter to address his remarks to the king. His thought could not be "unravelled" directly.

29.5 εἰκασίᾳ: "simile."
λαμβάνειν: Understand χρόνον.
δι' αὐτοῦ: i.e., without an interpreter.
διειλέχθαι: perf. middle inf. of διαλέγομαι.
καινοτομουμένων: passive of καινοτομέω, "make innovations," here in a political context.

29.6 μαγικῶν: The magi were a priestly class of the Persians.

29.7 Δημάρατος: a dethroned Spartan king who was then residing at the Persian court.

τὴν κίταριν...ἐπαράμενος: "wearing his own cap upright." The tall, upright kidaris was ordinarily reserved for Persian royalty.
Σάρδεων: Sardis, the principal city of Lydia in western Asia Minor.
ἐγκέφαλον: "brain."

29.8 ἀπαραιτήτως ἔχειν: "to be implacable."

29.9 ἐφ' ὧν: "in the time of whom," i.e., after the Peloponnesian War.
ἀνεκράθησαν < ἀνακεράννυμι, "mix up." The Persians after the Peloponnesian War were constantly meddling in relations among Greek states.
ὁσάκις δεηθεῖεν: a conditional relative clause.

29.10 ὦ παῖδες ἀπωλόμεθα: i.e., had he not been ruined by exile, he would never have prospered by coming to the Persian court.

29.11 οἱ πλεῖστοι: Thucydides, for example.
ὄψον: sometimes "prepared food" to accompany the staples bread and wine, but here probably "fish."
Μαγνησίαν: city in western Asia Minor.
Λάμψακον: a Greek colony then under Persian control. It was famous for its wine.
Μυοῦντα: smallest of the 12 Ionian cities.
Περκώτην καὶ Παλαίσκηψιν: small cities in Mysia in northwestern Asia Minor.
εἰς στρωμνὴν καὶ ἀμπεχόνην: "for bedding and clothing."

30.1 αὐτῷ: dat. with compound verb ἐπεβούλευσε.
πρὸς τὰς Ἑλληνικὰς πράξεις: "on the business relating to the Greeks," i.e.,their promised subjugation.
σατραπεύων: "who was satrap," a governor of a Persian province; the word is derived from two Iranian words meaning "protecting the country."
τῆς ἄνω Φρυγίας: "Upper Phrygia" or "Phrygia Major," the inland region as opposed to Phrygia Minor along the Hellespont.
ἔκπαλαι: "long before."
Πισίδας: from Pisidia in southern Asia Minor. A savage, warlike people not entirely subdued even in Plutarch's time.

Plutarch's Themistocles 71

ἀποκτενοῦντας: fut. pple. to express purpose.

30.2 μεσημβρίας: "at midday," gen. of time.
τὴν Μητέρα τῶν θεῶν: Magna Mater, i.e., Rhea or Cybele.
ὑστέρει < ὑστερέω,"come later" here "avoid."
Μνησιπτολέμαν: a daughter of Themistocles.

30.3 εωφόρον: "road" (lit., "people-bearer").
ἑτέρᾳ: dat. of means.

30.4 τῶν...ὑποζυγίων: partitive gen. with ἑνός.
αὐλαίας: "curtains."
διαβρόχους: "soaked through."
ἐκπετάσαντες < ἐκπετάννυμι, "spread out."
ἀνέψυχον: "were drying (them) off."

30.5 ἐν τούτῳ: "at this point."

30.6 ἐπιφάνειαν: "manifestation" of a deity.
Δινδυμήνης: another cult name for Cybele, since she was worshiped on Mt. Dindymon.

31.1 κατασκευήν: "construction, architecture."
μέγεθος: "in height," acc. of respect.
δίπηχυν: "two cubits," about three feet.
ὑδάτων ἐπιστάτης: "water commissioner." The office is not attested elsewhere (F 224-5).
ἑλών < αἱρέω, in a legal context, "obtain a conviction against."
τοὺς ὑφαιρουμένους... καὶ παροχετεύοντας: "those who were stealing and diverting."
ποιησάμενος: "having had (it) made."
εἴτε δὴ...εἴτε: "whether actually...or."
παθών τι πρός: "having experienced something in relation to," i.e., "moved in some way by."
λόγον...προσήνεγκεν: "addressed a proposal."

31.2 τὴν γυναικωνῖτιν: "the harem."
θεραπεύσας: "having taken care of, bribed
παρεῖχεν αὐτόν: "he conducted himself, behaved."

31.3 ὅμοια: used adverbially, "in like manner to, equally to," with dat.
ὑπ' ἀσχολιῶν περὶ τὰς ἄνω πράξεις: perhaps referring to a provincial revolt in Bactria instigated by Artaxerxes' older brother Hystaspes (F 226).

31.4-6 ὡς ... ἡγεμονίαις: The main verbs of this lengthy sentence are ἔθυσε and κατέστρεψε. To summarize: revolt in Egypt and other factors finally turned Artaxerxes' attention toward counteracting the Greeks. He made warlike preparations and sent messages to Themistocles to fulfill his promise of assistance. For various reasons Themistocles decided the best course of action was to kill himself.

31.4 Αἴγυπτος ἀφισταμένη: the revolt against Persia in 460/59 under the Libyan Inarus.
Κύπρου: 40 miles south of the coast of Asia Minor.
Κιλικίας: a region in southeastern Asia Minor.
Κίμων θαλασσοκρατῶν: a mistake on Plutarch's part, since Cimon had in fact been ostracized in 461 and was living in exile at this time (F 226).
ἐπέστρεψεν: agrees with the nearest of its three subjects.
ἀντεπιχειρεῖν: "to counteract, thwart."
ἐξάπτεσθαι: "attend to."
τῶν πολιτῶν: the Athenians.

31.5 ἐπαρθείς "elated," < ἐπαίρω.
ἐφικτόν: "reachable," i.e., "attainable."
στρατηγούς: among whom was Pericles.
εὐημεροῦντος < εὐημερέω, "have a good day, be successful."
αἰδοῖ: dat., "out of respect for."
ἄριστα βουλευσάμενος: The absence of ὡς suggests that this is Plutarch's opinion. ὡς would be ambiguous.

31.6 ὡς μὲν ὁ πολὺς λόγος: "as the common story (goes)."
αἷμα ταύρειον: thought erroneously to produce death by coagulating quickly within the body (F 227-8).
πιών < πίνω.

31.6 ἐφήμερον: "for a day only," i.e., "quick-acting."
πέντε πρὸς τοῖς ἑξήκοντα: about 525-460.

Plutarch's Themistocles

Ἀλωπεκῆθεν: "from Alopeke," a deme east of Athens.
οὗ: gen. with μνημονεύει.
τἆλλα δέ: "but in all other respects," adverbial acc.
οὐδενός: neut., gen. of value.

32.2 δηχθείς: < δάκνω, "bite."
υἱὸν ἐποιήσατο: i.e., "adopted."
πλείους: Plutarch actually mentions five sons and five daughters but probably is counting the children who survived Themistocles.
ἐκ τῆς ἐπιγαμηθείσης: "from the woman wedded after," i.e., "by his second wife."
οὐκ ἂν ὁμομήτριος: One might marry a sister of the same father but not of the same mother.

32.3 ὁ ἀδελφιδοῦς: "the nephew."
ἔθρεψε: The subject is Phrasikles.

32.4 τάφον: "tomb," but actually a memorial since he was buried outside the city.
τῶν λειψάνων: "the remains."
Ἀνδοκίδῃ: 5th-century oligarchic orator, known especially for his speech on the Mysteries which dealt with his alleged role in the mutilation of Herms shortly before the Sicilian expedition.
ἐν...ἑταίρους: "in his '(Address) to my Associates,' " men who shared his oligarchic sympathies.
ἅ τε Φύλαρχος: "and as for what Phylarchus (says),"a 3rd-century melo-dramatic historian, one of Plutarch's major sources.
μονονού: "all but."
ἀγῶνα...κινεῖν καὶ πάθος: "generate an emotional tension."
ὁ τυχών: "the first one who comes upon (you)," i.e., "the average person."

32.5 Διόδωρος ὁ περιηγητής: 4th-century Athenian "topographer" who wrote about the demes and monuments of Attica.
τὸν μέγαν λιμένα: Kantharos, the largest of the three harbors of Piraeus.
ἀπὸ...ἀκρωτηρίου: "from the promontory opposite Alkimos," itself a promontory at the entrance of the harbor.

ἀγκών: "elbow."
κάμψαντι: "to one turning round, as you round." (S[1497]).
τὸ ὑπεύδιον: "a tolerable calm."
κρηπίς: "foundation."
βωμοειδές: "like an altar."

32.6 Πλάτωνα: 5th-century Athenian comic poet whose works survive only in fragments.
ἐν τούτοις: iambic trimeters (Raven 28-32).
ἐν καλῷ: "in a fair (place)."
κεχωσμένος < χώννυμι, "heap up."
τοῖς ἐμπόροις: "to travellers."
πρόσρησις ἔσται: "will be a greeting," i.e., "will greet."
χὠπόταν: crasis for καὶ ὁπόταν.
ἅμιλλ'...τῶν νεῶν: "boat races."
Θεμιστοκλῆς: a minor Stoic philosopher who studied with Plutarch in Athens.
Ἀμμωνίῳ: Platonist philosopher and Plutarch's teacher in Athens.